AF726852

Elfi Steickmann

# Jetz ävver!

Bibliografische Information der Deutschen Nationalbibliothek
Die Deutsche Nationalbibliothek verzeichnet diese Publikation
in der Deutschen Nationalbibliografie;
detaillierte bibliografische Daten sind im Internet
über http://dnb.ddb.de abrufbar.


Umschlaggestaltung: Mira Lob, Köln
Satz/Layout: Marzellen Verlag GmbH, Heike Reinarz, Köln
Druck: Druckerei Florjancic

Printed in EU.
ISBN 978-3-937795-91-1

www.marzellen-verlag.de

Elfi Steickmann

# Jetz ävver!

MARZELLEN
VERLAG KÖLN

Foto: Kay Uwe Fischer

*Elfi Steickmann – geboren 1947, natürlich in Köln – ist in Sachen kölscher Mundart eine feste Größe und aus der kölschen Kultur und von den Bühnen der Stadt nicht mehr wegzudenken.*

*Als Autorin und Kabarettistin versteht sie es wie keine zweite das rheinische Gemüt zu beobachten, zu erfassen und wiederzugeben. Ihr feines Gespür für den Zeitgeist ebenso wie für das Kuriose im Alltäglichen macht ihre Texte lesens-, hörens- und erlebenswert. Dabei begeistert sie durch unverfälschtes Kölsch. Ihre Lesungen und Bühnenprogramme sind voller Humor, oft hintergründigem Humor, und sie lacht gerne über sich selber und ihre kleinen Macken.*

*In 25 Jahren hat sie 11 Bücher herausgebracht.*

*Elfi Steickmann geht es in erster Linie um Wertschätzung, nicht um die größte Zuschauerzahl. Sie liebt die kölsche Sprache nicht nur, sie lebt sie, treu ihrem Motto: „Mich gibt es nur auf Kölsch oder gar nicht!“ Für ihr ehrenamtliches Engagement in Sachen „Kölsch“ wurde die Autorin 2022 vom Landschaftsverband Rheinland mit dem Rheinlandtaler in der Kategorie Kultur ausgezeichnet. Dort heißt es in der Laudatio: „Elfi Steickmann hat sich um die Bewahrung des kölschen Dialektes verdient gemacht!“*

*Weiterhin ist sie Teil des Kölner Kabarett-Ensembles „Medden us dem Levve“. In diesem Ensemble, das sich ebenfalls der Bewahrung der kölschen Sprache verpflichtet sieht, ist sie seit nunmehr über15 Jahren aktiver Bestandteil und schreibt unter anderem einige der Texte.*

# Üvverbleck

# För der Aanfang

# Levvensfinster

Ich hann en janz vill Finstere jespingks,
Die woren off schlääch jeputz un matt.
Se sin wie Auge, durch die mer sinn kann
Wie et Levve ussüht, off jlöcklich, off hatt.

Et woren winzije Kellerfinstere,
Mehschtens alt, us Milchjlas de Schieve,
Met Spennjewebbs filejran ömhöllt.
Benne ärch düüster, do mööch mer nit blieve.

Hinger de Finstere, ka'mer och dräume.
Et Bess sin doför klein Butzeschieve.
Met Finsterlade, die Wärme jevve,
Vun he ka'mer sinn wie de Wolke drieve.

Durch e offe Bullauch schmeck mer et Meer.
Föhlt et Salz op der Zung un noch mih.
Mer wöödt et Leevs noh de Stääne jriefe,
De Siel kritt höösch Flöjel un nix deit mih wih.

Vörm Sprossefinster stonn se, de Blome.
Jede Luffzoch ess Applaus för die Praach.
Bunte Blöte un Ranke bejrößen de Sonn,
Et Hätz määt Sprüng aan nem Sommerdaach.

Wä op Rän hoff un wadt, dä putz de Finstere.
Dat ess e unjeschrevve Jesetz.
Ehsch schingk noch de Sonn, dann ränt et am Schnörche
Un mer schleif vör Woot op der Petrus et Metz.

Ich ben e ahl Huus, doch ming Finstere dunn blänke.
Lort eifach eren, bei mir ess et hell.
Wo vill Leech ess, ess zwor och vill Schatte,
Ävver dä wonnt bei mir aan ner ander Stell!

# Et Levve, loss et nit wade!

Mer jläuv, mer hät Zick, et Levve wör lang.
Et jitt doch noch Morje, kumm maach dich nit bang!
Doch jede Daach jeit em Rüppche elans
Un einem weed klor: Jevv dir selver die Schangks.
Dat neue Kleid, och die Arbeit em Jade,
Allt widder jot esse, all dat kann wade.
Et Finanzamp jeit ohne dich och nit kapott!
Dröm passt jot drop op, söns läuf et dir fott
Di Levve, dunn nit nor sorje un schwade,
Do häss bloß dat eine, loss et nit wade!

E paar Stund beim Dokter setze e Muss
Mer ess fruh , dat mer draan kütt, noch koot vörm Schluss
Röf mer donoh bei der Krankekass aan,
Bruch ne Rot för en Kur, do fängk et dann aan.
Mer wadt sich zom Schänzje, hööt immer dä Sproch:
„Sie werden verbunden", do küss nie zom Zoch.
Mer määt sich Jedanke, mööch „Levve" optanke.
Dröm pass jot drop op, söns läuf et dir fott
Di Levve, dunn nit nor sorje un schwade,
Do häss bloß dat eine, loss et nit wade!

Un je älder mer weed, je flöcker de Zick,
Mer kann se nit halde, doch mer Kölsche hann Jlöck.
Weil meer maachen och us klein Saache e Fess
Spillen der Clown, jevven et Bess,
Laache selvs wann e paar Trone laufe,
Keine Daach der verjange, ka'mer neu kaufe...

Dröm pass jot drop op, söns läuf et dir fott
Di Levve, dunn nit nor sorje un schwade,
Do häss bloß dat eine, loss et nit wade!

# Laufe lihre

Op klein Kinderföß, do lihrt mer laufe,
För die ehschte Schrettcher bruch mer noch en Hand.
Janz stolz ess mer, wann et dann allein flupp,
Vun Döör zo Döör, vum Desch nohm Stohl
Un immer wigger bes aan der Trapperand.

Met der Zick weed jede Wääch jet länger.
Aan e Ziel ze kumme, dat schaff mer bal allein.
Ungerwähs noch met klein Tippelschrett
Vum Kinderjade bes zor Schull
Jonn ander Puute met, ejal ov jroß ov klein.

Noh der Schull, do jeit der Wääch dann wigger.
Mäncheiner, dä dobei wor , bliet e Stöck zoröck.
Dä ein ov and're weed zom jode Fründ,
Un die, die uns doch üvverholle,
Hoffen am Engk vum Wääch op nen Püngel Jlöck.

Op all dä Wääch un Stroße en et Levve
Muss mer e Ziel hann, dat mer sich nit verläuf,
Un hoff, trotz Irrunge un Wirrunge
Mer nie de richt'je Stroß verpass
Un mer op halver Streck sich unger Wäät verkäuf.

Jrad sollt mer laufe, Nevvestroße nötze,
He un do nen Ömwääch, dat muss allt ens sin.
Mänchmol ka'mer e paar Runde drihe
Bevör mer weiß, wat wichtich ess
Un dinge Levvenswääch dir zeich wohin.

Ov Stroße, Nevvestroße, ov Allee
Met Ampele, die langskam ehsch vun Rut op Jrön,
Mer bruch Jedold, de Zick säät, wa'mer draan ess;
Vör uns waden noch jenohch!
Doch...op eimol zeich „uns" Ampel Jrön –
....ess dat nit schön!

# En Jedanke

# Ens jet fuulenze

Nix hann ich hück jemaat,
Üvverhaup nix.
Hann noch nit ens jelaach,
Dat määt nix.

Lohch nor fuul eröm.
Sohch he jet Stöbb un do nen Püngel Büjelwäsch,
Doch beidse Saache jefalle mer hück nit.
Maach' leever ens en Fuus en der Täsch.
Doch: Immer ess jet!

Su jingk dä Daach vörbei.
Langksam, wie e klei Pöhlche, wat opdrüch en der Sonn.
Ich wor nit richtich drusse ävver och nit dren.
Ich hann eifach ens nix jedonn.
Ovschuns: Immer ess jet!

Su fuule Däch jitt et nit off,
Sin selde, wie e Kleeblatt met veer Blädder.
Un wat bliev am Engk vun su Däch?
Et künnt se rauhich öfter jevve un dozo jot Wedder.
Ävver: Immer ess jet!

# Hück hann ich Zick

Hück hann ich Zick, dräum mich zoröck, wie ich noch klein,
Vum Jade kütt ne laue Wind, ich ben Derheim,
Föhl koot die Häng vun mingem Papp, dä minge Roller hält,
Nohm Künningsfors, vun Düx ze Foß, dat wor ming Welt.

Sinn die jrön Pooz, dä Boorehoff, uns Stroßescheld,
Dat Wäächkrütz do, nevven dä Bäum, wo ich jespillt,
Spör die Ömarmung vun der Mamm, hatt ich de Kneen kapott,
Lötsch Zuckerwatt, un wie vun selvs, de Ping wor fott.

Der Schneimann aan der Dörpelkant heelt e paar Dach.
Als Lappeclown mem Trömmelche, do maat ich staat,
Der Hervs met singem eije Döff noh Heu un Appeltaat,
Ne Weggemann, Kuschteie op der Ovvensplaat.

Em Kreppespill, do spillten ich stolz et Marie.
Ne jolde Stään hing aan der Döör, ich woss nit wie.
Et Chresskind braat en Kinderposs; schön, dat dä Draum noch do,
Lor' jän zoröck, och noch em Hück, wie't fröher wor.

# Ävver künnt et nit och sin...

Dat hädden ich mer ihrlich nit dräume loße, dat ich en mingem huhe Rentealder ens jet met nem fiese, widderlije Virus zedunn krijje.

Ävver, et ess wie et ess un för de janze Welt, och för uns Kölle un Kölsche jet, womet keiner jerechent hät un wat uns Levve vun Hück ov Morje bes en der decke Zih ömjekrempelt hät.

Jetz müsse mer met Enschränkunge, Entscheidunge un Kuntaksperre parat kumme, ävver och met Maske öm Mungk un Nas, immer ze winnich Klosettpapeer, Huushaltsrolle un Nudele, ovschuns Jott sei Dank bei uns kei Minsch verhungere muss. Üvvrijens, zor Nut ka'mer ahl Zeidungspapeer för de Fott nemme, wie mer dat als Pänz för üvver 60 Johr allt jedonn hann. Deit nit wih, langk och.

No kummen jo, ich sagen et ens hatt, „Verbote", Entscheidunge un Aanweisunge vun bovven huh nit bei jederein jlich jot aan.

Ich sinn dat esu, mäncheiner künnt sich em Huus ov en der Wonnung enjeschlosse un einsam föhle. Nit erus ze dörfe un si Jängelche wie söns ze maache ess Dress, un janz flöck kütt die Aansaach: Dat ka'mer keiner verbeede. Ich loßen mich nit ensperre. Dat ess die ein Sick.

Ävver künnt et nit och sin, dat mer widder lihrt sich jäjensiggich ze helfe, ens widder aanzerofe bei nem bal verjesse Nohber, ner ahl Tant, wat mer allt lang dunn wollt.

Ich sinn dat esu, mäncheiner kann domet, dat mer nit mih en Orlaub fahre ov fleje darf ov soll, üvverhaup nit ömjonn.

Ävver künnt et nit och sin, dat mer uns freue, en ne herrlije blaue Himmel ze lore, ohne alle paar Minutte ne Flejer met Kondenzstriefe am Himmel ze sinn un sich su e janz klei bessje et Klima erhollt, janz ohne „Friday for Future" met all dä Demos.

Ich sinn dat esu, mäncheiner hät, weil de Pänz nit mih Schullejonn dörfe un de Kinderverwahrschull jeschlosse hät, en janze Häd aan de Jäng. De Woch, wat sagen ich, de Däch mussen neu orjaniseet wäde. Mehschtens kütt „Homeoffice" vun de Eldere dozo un dat heiß, mer muss sing janze Arbeit vun Derheim maache, met knatschije Pänz drömeröm, denne et janz flöck langwielich weed. Nit eifach ze bewältije.

Ävver künnt et nit och sin, dat mer ehsch, weil mer muss, sich öm de Pänz vill kömmert, domet se sich nit nor zänke un kloppe, ävver, je länger et durt, selver immer mih Freud dodraan hät, zesamme ens widder jet ze bastele, jet ze singe, villeich jet enzestudeere. Off weed mer üvverrasch, wievill jot Enfäll die Puute hann un met einem Mol süht mer die eije Pänz met ander Auge.

Ich sinn dat esu, mäncheiner hät jroße Angs, dat „unsere Wirtschaft" ne jroße Schade durch dat widderlije Virus avkritt, dat mer bal wie vör 50 Johr widder vun vörre aanfange müsse.

Ävver künnt et nit och sin, dat mer jetz endlich jelihrt hann, dankbar ze sin, för dat, wat mer all noch hann, un ihrlich, mer bruch vill winnijer för ze levve als wies mer denk.

Ich sinn dat esu, mäncheiner ess secher met all dä neu Endröck un dat, wat am Engk dovun üvvrich bliev – wie säät mer – „total überfordert".

Ävver künnt et nit och sin, dat dat en Schangks ess, noh der Stund Null ens widder klein aanzefange, ens jet mih drop ze aachte, dat uns Äd vun uns nit zo kapott jemaat weed, ens dankbar ze sin, dat „Wertschätzung", dat lang verjesse Woot, endlich widder zom Levve erwaach. Dat nit mih alles flöcker un hüher sin muss, dat mer zesammeröck, och wann die schlemm Zick vörbei ess.

Un irjendwie hann ich dat Jeföhl, dat unse Herrjott dobei de Hand em Spill hatt. Wie hatt hä bei der Schöpfung zo Adam un Eva jesaat: „Dat all schenken ich Üch nor eimol! Maat nix kapott! Et jitt nix Neus vun mir!" Schingks, mer Minsche müssen ehsch de Nut spöre, bevör mer aanfange nohzodenke.

# Ich ben ne Minsch wie do

Ich ben ne Minsch,
Jot sibbzich Johr,
Noch jot em Lack,
Trotz jraue Hoor.

Ben janz jesund,
Hann Temprament,
Mer kann mich rofe,
Wann et brennt.
Hann jän Jesellschaff un vill Spass,
Ben stolz, wann alles flupp,
Doch jetz steit wal op minger Steen:
Die hät en Entrettskaat: Jefahr! Risikojrupp!

Ich ben ne Minsch
Jot sibbzich Johr,
Noch jot em Lack,
Trotz jraue Hoor.

Hald' mich zoröck,
Maachen mich schlau,
Der R-Wäät steich,
De Zick ess mau.
Söns hann ich Ömtrieb jo jenohch,
Do ben ich nit verschnupp,
Doch jetz steit wal op minger Steen:
Die hät en Entrettskaat: Jefahr! Risikojrupp!

Ich ben ne Minsch,
Jot sibbzich Johr,
Noch jot em Lack,
Trotz jraue Hoor.

Ben noch nit dut,
Jehör dozo,
Brems mich nit mih,
Föhl mich wie do,
Langksam hann ich de Schnauz jetz voll,
Woodt jenohch zorääch jestubb.
Ehr künnt mich all ens krützwies bütze
Et weed üch suwiesu nix nötze
Denn irjendwann, verloßt üch drop
Sidd ehr och draan: Risikojrupp

# Mänchmol wöödt ich mich selvs jän ömtuusche

Wann ich nohm Dusche mänchmol su vörm Spejel stonn un aan mer erunderlore, krijjen ich de Bejovung, nit jrad vör Freud, mih su noh dem Motto: Ess dat all dir, wat do do bovven un ungen sühs? Un sühs do üvverhaup noch alles, wat dir jehööt? Och ding Föß?

Met e paar Wallawalla-Fummele ka'mer jo allt vill Hüvvele avdecke, nor wa'mer dat Wallawalla-Jedöns ustrick, stonn einem widder Trone en de Auge. Ne Spejel ess ihrlich.

Irjendwie versöken ich üvver all die Delle, Falde un Hüvvele ze laache, un do kütt mer jrad nen Enfall. Wann minge Astralbalch e Auto wör, wöödt ich dä jän en e neuer Modell ömtuusche, villeich su en A-Klass: Allt jet älder, ävver noch jot em Lack!

Et muss nit jrad et neuste Modell sin, e bessje jebruch wör nit schlääch, weil su e superneu Modell jo ehsch ens enjefahre wäde muss. Un enjefahre ben ich allt zick Johrzehnte jenohch.

Minge Oldtimer hät öntlich Kratzer, Blötsche, de Färv ess nit mih esu fresch un die zwei Scheinwerfer sin ärch unscharf, hangen jet durch un sin nit mih richtich fass en der Orijinal-Verankerung. Janz ejal en wat för en „Ömmantelung" ich versöke, die eren ze schruve off stramm ze trecke, se kruffen immer janz flöck aan einer Sick erus un hann en automatische „Erdanziehung". Ming Jetriebe ess, wie säät mer jet hatt, am Arsch, blockeet bal bei jedem Schrett un jeder Bewäjung, un ich bruchen e paar Stündcher, öm winnichstens e janz klei bessje aan ming ahl „Höchstleistung" draan ze kumme.

Un ehsch et Schassi, alsu ich hann 2 Schassis rächs un links, die maachen eifach nit mih dat, wat ich well. Mänchmol jonn se nit mih wigger, för e Beispill beim Trappe steije, un ich muss mich räste wie ne Hundertjöhrije. Dat määt mich off janz kribbelich, un wann ich mich wie vun selvs noh nem Fusel böcke, erennert die „Rückkehr ins normale Leben" allt mih aan ne Kraffak. Alles Dress. Nix mih wie et vör zehn Johr noch wor.

Un ich kann mich üvverhitze...bal janz ohne Jrund üvverschleit sich dann minge ahle Motor un wann ich laache un hoste muss, kann et sin, dat minge Köhler undeech weed off der Uspuff ne Alärm vun sich jitt. Dat ess dann öntlich scheneerlich un ich dunn mich schamme, wann jrad einer en minger Nöh ess.

Jetz hann ich mich ens schlau jemaat, wat et för mich als „Auslaufmodell" üvverhaup noch jitt. Nit vill. För minge „Oldtimer-Balch" jitt et kaum noch Ersatzdeil, die passe. All dat neumodische Züch, technisch huh qualifizeet, pass eifach nit zo mingem ahle Jerämsch un minger Faldehuck. Met mer tuusche well keiner.

Letz, alsu letz hann ich su ne janz besonders schlaue Satz jelese: Kuchen macht nicht dick, er zieht nur die Falten glatt. Jung, dat wör doch en wunderbare Lüsung.

Ich hädden jetz jän zwei Stöckelcher Amaretto-Nuss-Sahne. Künnen och jrößere Stöckelcher sin. För die Schlabberfalde unger mingem Kenn künnt et villeich rigge, un der Aanfang wör domet zor Runderneuerung allt jemaat!

# Ich hann dich ihrlich jän

**Vers 1**
Dä Arbeitsdaach wor widder hatt,
Alles wat aanlohch wichtich,
Vun alle Sigge jov et Drock,
Wie määt mer't bloß all richtich?
Kaum hatt's do ein Saach aanjepack,
Stundt dir der Schäf em Nacke,
Weil ein Berechnung ielich wor,
Mohts do die och noch knacke.
Noh satte zwölf Stund unger Strom,
Jeschaff un mööd em Kopp,
Woss do, derheim do wadt op dich
Ne Fründ, dä fäng dich op.

**Refrain:**
Do bess esu jot zo mir, engs mich niemols en,
Jeis met mir, fröhchs nie wohin,
Bess noh bei mir, ich kann dich spöre,
Weiß, dat meer zick Johre fass zesamme dunn jehöre.
Erdrähs vun mir stell jede Futz,
Och wann do möffich rüchs,
Ich hann dich ihrlich jän: Do ahl jrau Schlabberbotz!

**Vers 2**
Vum Fründ dat Jungjesellefess
Steit engks der Woch jetz aan.
Do weiss, dat jitt nor Sufferei
Trotzdäm deis do der' t aan.
All suffen sich de Hacke voll
Jrad die, die söns sin Schluffe.
Keiner well ze fröh noh Huus
Och wann se nor noch kruffe.

Un häss do dann jenohch jefiert,
Jedrunke un jeschwadt,
Säät ennerlich en leise Stemm:
Jangk heim, do wees erwadt.

**Refrain:**
Do bess esu jot zo mir, engs mich niemols en,
Jeis met mir, fröhchs nie wohin,
Bess noh bei mir, ich kann dich spöre,
Weiß, dat meer zick Johre fass zesamme dunn jehöre.
Erdrähs vun mir stell jede Futz,
Och wann do möffich rüchs,
Ich hann dich ihrlich jän: Do ahl jrau Schlabberbotz!

# Wie sich Wünsch verändere

Hück weck mich allt fröh am Morje de Sonn un ne blaue Himmel. Et ess der ehschte schöne Fröhlingsdaach, dozo noch Wocheengk. Flöck trecken ich mich aan un fahre aan der Rhing, öm do op der Promenad dat Kaiserwedder un et Stadtlevve zo jeneeße.

Wä ess hück nit all ungerwähs? Ich jläuve, janz Kölle! De Minsche flaneere aan mer vörbei, un wann ich jenauer hinlore, sinn ich janz vill jung Lück. E bessje neidisch loren ich mer die Päärcher aan, die Ärm en Ärm spazeere, sich av un aan bütze un en de Auge lore. Villeich blieven se jo för e janz Levve zesamme.

Ich fangen et Simeleere aan: Wa'mer jung ess, hät mer janz jenaue Wünsch, wie dä Mann ussüht, met däm mer levve well. Su öm de zwanzich wünsch mer sich, dat hä ärch jot ussüht, scharmant ess, jenohch Nüsele aan de Föß hät, einem zohööt, och wa'mer jet länger verzällt.

Dat hä janz vill Muskele aan de wichtichste Stelle hät, sich modisch aantrick, schön Saache ze schätze weiß, allt ens en Üvverraschung parat hät un vör allem jot em Bett ess un met vill Fantasie aan die Saach draanjeit, dobei ävver de Romantik nit verjiss, dat ess Jesetz.

Wunderbar, wa'mer su ne Draummann fingk.

Durt et jet länger met der Sökerei, dann ändere sich die Wünsch e bessje. Su met aan de dressisch ess et allt schön, wann hä nett usssüht un noch e paar Hoor om Kopp hät. De Autodöör opzehalde wör e Plus un wann hä dobei jenohch för e jenöhchlich Ovendesse en der Täsch hät, prima.

Dat hä trotz singer eije Schwaderei zohööt, wa'mer jet ze sage hät, üvver Wetze laache kann, av un aan der Enkaufsbüggel dräht, e selvsjekoch Esse schätz, sich aan de Jeboots- un de Johresdäch erennert un winnichstens eimol en der Woch romantisch drop ess, dat muss sin.

Mänchmol läuf einem de Zick dovun un dann....su engks veezich, do wünsch mer sich nit mih su vill. Et Ussinn? Dries drop ...en Plaat ess ejal, hä sollt ävver nit mem Auto lossfahre, bevör mer dren setz. Mööt natörlich arbeide, jot, künnt allt ens jet aanjevve, wat hä för ne dolle Job hät, Käls bruchen dat. Ka'mer üvverhöre. Wöödt sich meschtens noch aan et Engk vun de Wetz erennere, die hä en „epischer Breite" zelebreet.

Hät Kraff un Saff  jenohch, et Möbelemang ömzestivvele, dräht e Hemb, wat üvver singe Buch jeit, wöss, dat mer Schampanjer net met „Schraubverschluss" käuf, un verjiss nit, der Klodeckel erunderzeklappe.

Met engks veezich dät dat lange.

Wör mer ne Spätzünder, su hatt aan de sechsich, fallen die Wünsch, noch ne Mann ze finge, ärch, ärch bescheide us. Schön, wann hä de Hoore en singe Ohre un en der Nas koot hält un noch nit beim Diskuteere enschlöf, wann hä Söck, die zesamme passe un fresche Ungerwäsch e paar Mol en der Woch aantrick un noch esu sportlich ess, dat hä am Wochenengk av un aan vum Kanapee opsteit un e jot Ovendesse vör der Äujelskess jeneeße kann.

Domet wör mer allt zefridde.

Un noch späder..., nor noch klein Wünsch...winnich schnorkse, hä weiß noch, wo de Dusch ess, weiß wo sing Zäng lijje, kann allein stonn, erennert sich, woröm hä laach, iss jän alles wat mangs ess, kritt Luff un treff noch et Klosettbecke.

Wat well mer dann noch  mih! – Un, su unger uns, ... mer Wiever wäde schleeßlich och älder un nit unbeding schöner ..., do muss mer eifach jroßzöjich sin.

# Kölle – fröher

# Em Meddelalder

Dat Stadtbeld su öm elf/zwölfhundert
Vun Kölle wor wie e Jedeech.
Kirche, Klüster, Moore, Pooze
Joven der Stadt e stolz Jeseech.
Zwesche Wiese, Rhing, Kaschämme,
Faachwerkhüüser, huh un prächtich,
Wor he allt domols Jeld ze Huus,
Handwerk un Händler woodten mächtich.

En Stadtmor, wie mer hück noch sinn kann,
Aach Kilometer, woodt jebaut,
Zwölf Torburje zom Schotz för't Levve;
Denn fremde Lück woodt nit jetraut.
Der Handel maat die Kölsche rich,
Jot Handwerker jov et en Mass,
Die Kauflück, die om Heumaat wonnten,
Hatten aan Joldstöckelcher Spass.

Se kome, öm ehr Jlöck ze maache,
En Kölle woodt et langksam eng,
Doch jederein kom op sing Schröm.
Et wor kein Zick för fuule Häng.
Et roch noh Fleisch un noh Jewööz,
Leddersaache, Wing un Fesch.
Et Stapelrääch braat öntlich Jeld,
Keiner hatt Nut, jenohch om Desch.

Der Äzbischof jingk op der Senkel,
Immer hatt hä jet ze drieße;
Doch noh der „Schlacht bei Worringen"
Kunnt mer dat Kapiddel schleeße.

Kölle wor em Meddelalder
Prunkvoll un jroß, hatt Jeld ze vill.
Zwölfhundertaachunveezich dann
Kom endlich unse Dom en't Spill.

Un meddendren der Äzbischof,
Dä hatt et Sage en der Stadt.
Dreihundert Johr sollt dat su blieve,
Dann hatten dat die Bürjer satt.
Un meddendren der Äzbischof?
Nä, dä wor dann endlich durch de Kood.

Doch widder komen Hellije,
Drei Künninge, su woodt jesaat,
Un die ha'mer bes hück am Hot.
Domet määt Kölle richtich Staat!

# Dann kom de Pess

Et Meddelalder wor lang jot:
Kein Sorch, kein Nut, nix kom ze koot,
Hatt keine Schless, mer wor jesund,
Der Buch stets voll, de Jeldkatz rund.
Doch zo vill Ehr, un zo vill Jlöck,
Ess niemols jot, dat weiß mer hück.

Denn:
Dann komen se, de Ratte,
Durch jedes Lohch un jede Retz,
Dausende, en Invasijun,
Nohme janz Kölle en Besetz.
Un en die Stadt, die eimol prächtich,
Kom der Dud, furchbar un mächtich.

Un met der Peß kom Angs un Nut,
Se woodten krank, et roch noh Blot,
Et fingk klein aan, woodt immer mih.
Woröm? Woherr? Keiner woss wie.
Kaum einer kom dobei elans,
Et Levve woodt zom Dudedanz.

Ohne Hoffnung üvver Johre,
Wat mer jeschaff hatt, wor verlore.
Vun all der Praach, die fröher wor,
Wor op eimol nix mih do.
Doch wie et jeschrevve steit:
Met der Zick et Leid verjeit.

Mer fingk widder aan ze levve,
Et jingk wigger – irjendwie .
Hückzedachs – nor noch „Geschichte“,
Doch lans Schmitz Backes si'mer nie!

# Öm Meddernaach

**Vers 1**
Et ess stechendüüster hinger de Moore.
De Stadt leerjefäsch, et jitt nix mih ze lore.
Keiner jeit jetz erus, wann hä nit jrad muss.

Weil, mer weiß nit jenau, wä am Levve noch klääv
Sin et Jeister off Dude, die he hann jelääv,
Odder hellije Lück, die koot kumme zoröck?

**Refrain:**
Ne ärch jroße Schatte kütt öm et Eck.
Wä noch ungerwähs ess, dä weed verschreck.
Kütt do der Dud, villeich op Schluffe?
Nirjendwo ka'mer sich hin verkruffe.
Nä, dat ess doch der Schmitz vum Ihrefeld!
Dä versüff jede Naach, wat hä hät aan Jeld,
Hät de Röggelcher wärm,
De Schabausfläsch em Ärm.

**Vers 2**
Op Malote do litt de janze Famillich.
E öntlich Jrav wor un ess he nit bellich.
Un öm Meddernaach jeit et he Schlaach op Schlaach.

Des Naaks stonn se op, kummen uns nöher,
Die zo Unrääch jeköpp, su verzallt mer sich fröher.
Zor Jeisterstund' jeit de Angs widder rund.

**Refrain:**
Ne ärch jroße Schatte kütt öm et Eck.
Wä noch ungerwähs ess, dä weed verschreck.
Kütt do der Dud, villeich op Schluffe?
Nirjendwo ka'mer sich hin verkruffe.
Nä, dat ess doch der Schmitz vum Ihrefeld!
Dä versüff jede Naach, wat hä hät aan Jeld,
Hät de Röggelcher wärm,
De Schabausfläsch em Ärm.

# Uns Johreszigge

# Fröhjohr

## Maiverjnöje

Wann em Mai am fröhe Morje
Vum Himmel allt et Sönnche laach,
De Vüjjelcher vun alle Dächer
Singe un fleute, dat et kraach –

Wann dat Schmölzje met de Rädder
Am Baggesie e Picknick määt
Un unse Ühm, noch stief vum Winter,
Doch huckepack et Jüppche dräht –

Wann em Jade koot nohm Wecke
Öm aach der Rasemiher läuf,
De Wööschjer wie op e Kummando
Allt meddachs lijjen huh op Häuf –

Dann si'mer he wie us dem Hüüsje.
Dä Sonnesching deit uns ärch jot.
Et künnt jo morje widder räne.
Doch hück, do jo'mer ohne Hot.

# Sommer

## Kirmes em Veedel

Lyskirchen hängk de Plaggen erus,
Leev Häre un Mammsellcher.
Am Wochenengk, do fängk se aan,
De Kirmes, loor ens, nevvenaan
Stonn allt de Karessellcher.

Et janze Veedel triff sich jän
Aan su nem Daach en Kölle.
De Puute lötsche Zuckerwatt.
Och söß rut Äppel jitt et satt.
Mer hät vill zo verzälle.

„Mamm, noch en  Fah't mem Karessell!
Ich muss e Johr söns wade."
Der Losverkäufer vör dem Zelt
Versprich uns als Jewenn vill Jeld.
Dat dät uns hück nit schade!

Lyskirchen hängk der Plaggen av,
Leev Häre un Mammsellcher.
Zo flöck verjingk dä schönen Daach,
Doch mer hät widder vill jelaach.
Fott sin de Karesellcher.

# Hervs

**Wo flüch hä herr?**

Der Hervs määt sich breit
Em staatse Kleid.
Stoppelfelder,
Bungkte Wälder.
Nevvel om Feld,
Jrau ess de Welt.
Wolke wie Watt,
Kuschteie satt.

Pattevurel deit steije,
Määt sich zo eije
De janze Welt.
Flüch durch de Kält,
Sing Kood spillt mem Wind.
Ich wör jän noch Kind!

Hä nimmp all ming Dräum
Durch Zick un Räum
Met op sing Reis,
Flüch dann janz leis
Zor Mamm en et Blau.
Ich weiß janz jenau,
Dat määt ehr vill Spass,
Se hält dä dann fass.

# Winter

## Am Jlöhwingstand

Us alle Ecke rüch et jot,
Et rüch noh Chressdachsmaat.
Em Schatte he vum huhe Dom
De Hötte stonn parat.
Schön dekoreet met fingem Krom,
Met Leckerjots för Pänz,
Dozo en Selver un en Jold
Vill Schmuck, dä fesslich jlänz.

Am Jlöhwingstand jitt et allt Stau.
Der Pitter reziteet
Nem Käjelklub us Attendorn
Op Kölsch e Chessdachsleed.
Nohm drette Amarettopunsch,
Dä wärm durch't Strössje läuf,
Weed sich jeduz met Attendorn,
Die Fründschaff flöck jedäuf.

Op eimol, hööt, en Kinderstemm!
Do weed et richtich stell.
Die singk vum Fridde op der Äd;
Dat ess, wat jeder well.
Un för en Zick hängk jederein
Singe Jedanke noh,
Erennerungen kummen huh:
Wie schön et fröher wor!

# Fröhling

# Et weed Fröhling

Der Aprel weed rich jekrönt,
Weil et langksam wähß un jrönt,
All dat, wat en der Winterzick
Jeschlofen hät, ess jetz esu wick,
Weed vum Fröhling opjeschreck
Zom neue Levve dann jeweck
Off et allt wärm odder noch köhl,
De Nator kütt met Jeföhl.
Off Sonnesching, off Ies, off Rän,
Der Winter jeit, jitt singe Sän.
De ehschte Blöte kummen allt
Vörsichtich, söken noch jet Halt.
Dann hann se Moht, dunn sich entfalde,
Sin eifach nit mih opzehalde.

Et wahße Tulpe un Narzisse,
Die dat doch noch jar nit müsse.
Die zick Monde en der Äd
Jeschlofen hann, sin allt aläät.
Hortensie en Wieß un Blau
Stellen ehr staatse Knöpp zor Schau.
Un der Rhododendrenbösch
Määt sich parat för jede Mösch.
De Forsythie knallich jääl
Hät jän Besök vun Bien un Mäl.
Die Wies, die jrad noch brung un platt,
Protz met vill Jrön, hät Jras jetz satt.
Wat em Winter mih wie dut,
Wähß em Fröhjohr dubbelt „jut“.

Et ess un bliev för mich e Wunder;
Denn:
Änd're sich och Minsch un Zigge
Un mer kann sich selvs nit ligge,
Die Nator hät keine Stress.
Jedes Fröhjohr ess e Fess.
Hööt niemols op, et jitt kei Engk.
Vun bovvenhuh weed dat jelenk:
Dat Wahße, Blöhe – e Jeschenk!

# Eimol

Em Hätzekülche hann ich allt
Ne Draum, zick üvver veezich Johr:
Ens eimol minge Prinz zo sinn,
Su richtich „live" un janz vun noh.

Eimol erlevve, dat der Funke
Spass aan der Freud erüvver höpp.
Eimol em Jeseech dann lese,
Dat Laache mänchmol weed zor Bröck.

Eimol merke, ov hä ihrlich
Och noh Kölnisch Wasser rüch.
Eimol eifach bloß ze froge:
„Levve Prinz, wie jeit et üch?"

Eimol ming eije Jungfrau bütze
Un hätzlich packen en der Ärm.
Eimol kölsche Scharm verspöre
Aan dinger Sick, wöödt et mer wärm.

Eimol vun mingem Boor ens höre,
Wat Däftichkeit för en bedück.
Eimol am Hot de Feddere zälle
Un ein behalde, die brängk Jlöck.

Irjendwann, do hatt ich Jlöck,
Do wor die Waderei vörbei.
Mi kölsch Hätz maat Sprüng wie doll,
Op eimol wor ich met dobei.

Kölle Alaaf, ehr sidd de Spetz!
En Fedder hängk en minger Köch.
Un jedes Johr darf ich jetz froge:
„Leeve Prinz, wie jeit et üch?"

# Jet för jede Jeck

Wä Fastelovend ess en Kölle,
Däm bruchen ich nit zo verzälle,
Wat et för en Uswahl jitt,
Öm dä ze fiere met der Schwitt.

Setzunge jitt et em Kostüm -
Bungk der Saal un och de  Bühn -,
Müttersetzunge em Veedel,
Un die en „Gala", mih wie edel,
Milljösetzunge höösch un leis
Em kölsche Bräues sin Beweis,
Och ohne Technik ka'mer fiere,
Mäncheiner künnt dervun jet lihre.

Dann jitt et Setzunge för Mädcher,
Dodrunger e paar Raritätscher,
Häreschobbe laut un deftich,
Dat Engk ess mänchmol allt jet häftich.
Stunksetzunge, frech un hatt,
Beäujele uns Vatterstadt.
Üvver Jeschmack sollt mer nit strigge,
Mer kann se nit odder jot ligge.

Dat alles top allt zick Johrzehnte
Die Lachende Arena-Fete.
Zwölfdausend Minsche stonn zesamme.
E Frembche bruch sich nit ze schamme.
Ehsch jet allein, dann meddendren,
Am Engk vum Daach fählt däm de Stemm.
Denn wat för jeden he e Muss:
Mer singe noch om Wääch nohm Bus.

En Setzung janz besondrer Aat
Ess die, die läuf om lesermaat.
Do danze Pöppcher op nem Stöckche
Wie de Rud Funke Stippeföttche.
Un op der Farrsetzung Zint Pitter
Spillt der Pastur sujar de Zitter.
Die vun der KFD, die Fraue,
Dat sagen ich üch em Vertraue,

Die hann ehr Setzung handjemaat;
Jenau dat ess die kölsche Aat.
Et jitt janz vill he zo entdecke,
En jeder Weetschaff fiere Jecke.
Bal üvverall ess Fastelovend
Ov am Morje, ov am Ovend,
Un och uns Pänz sin meddendren,
De Pänz-Arena ess hück „in".
Off fällt die Entscheidung schwer,
Wo jo'mer hin, wo kütt mer herr.
Doch wann der Spillmannszoch trick en,
Si'mer mer janz flöck all meddendren.

# Jebroche Kölsch

Ich kann mich jot aan Rusemondaach erennere, wie ich noch klein wor. Lang, lang ess et herr!

Minge Papp wor Bochhalder en ener jroße Firma, die met alle müjjelije Zoote vun Ieser handele dät. Em Düxer Hafe wooten jroße Scheffe met dä schwer Ladunge us- odder belade. För dat usjelade Ieser jingk et wigger met der Iserbahn odder met jroße Lasswage met Hänger draan.

Der Papp dät he et Finanzijelle rejele, un wann ich en em Büro besöhke dorf, sohch et esu us, als ov hä he wirklich jet ze sage hatt. Sing Lihrjunge hatten et bei im nit leich; hä wor pingelich un akkerat, ävver se däten vill lihre un kunnten in jot ligge, weil hä immer jot jesennt wor.

Sing Hauparbeit wor met de Banke ze maggele un Jeschäfte ze maache, domet de Koste nit zo huh rötschen däte. Un och he wor sing löstije Aat jän jesinn.

Su kom et, dat mer am Rusemondaach bei ner janz bekannte kölsche Bank enjelade woodte. Villeich kennt ehr noch der Salomon Oppenheim. Dä schöne Bau steit hück noch „Unter Sachsenhausen".

De janze Famillich, alsu der Papp, de Mamm un mer zwei Puute – ich hann noch en Schwester – mer dorften en dä elejante Büros met dä andere Jäss fiere, danze un springe un dann us dä jroße, schön Finstere erus der Rusemondaachszoch aanloore.

Wor der dat en Freud: kein kahl Fott, kein kahl Föß un Häng un kein sechs Stund stonn zwesche Minsche, die sich uns Quös immer vör de Nas fuschen däte.

För dä jroße Daach hatt de Mamm uns janz doll parat jemaat. Schusterjunge wore mer. Die fussije Pürk dät zwor jet jöcke, ävver die jehoot schleeßlich bei et Kostüm. Em kareete Kamesol, em blaue Schusterschützel un Schohnslieste üvver der Scholder, die der Opa selvs jeknuv hatt, troke mer loss.

De Bejrößung wor hätzlich. „Nä, wat hadder do e nett Trüppche, die ka'mer jo jar nit erkenne. Och, dat sin jo Mädcher, kein Junge!" Ich hätt die ahl Frejatt tredde künne, ävver mer zwei Köttele hatten der Mamm versproche, brav ze sin.

För all die Lück wor jot jesorch. För uns Pänz jov et Berliner un Muuzemändelcher, Ädäppelschlot met Wööschjer un Limenad. För die Jroße jov et natörlich vill för ze suffe: Kölsch, jede Menge Schabau, Wing, un, wa'mer woll, och e Jläsje Schampus. Minge Papp woll, weil hä bei uns zo Huus sujet nit kannt, dat ganze Projramm ens erop un erav usprobeere.

De Zick verjingk wie em Flohch un op eimol heeß et: „Der Zoch kütt!" Mer Schusterjunge dorften en de ehschte Reih am Finster un hatte Papp un Mamm flöck verjesse.

Mem ehschte Schlaach op de decke Trumm woodt et dem Papp schlääch. Bes op et Klosett dät hä et jrad schaffe un dann...jov et nor noch jebroche Kölsch. Uns ärm Mamm moot die widderlije Biesterei feje un krääch, wann üvverhaup, noch jrad der Prinzewage ze sinn.

Mer Mädcher hatte vun dem janze Zorteer nix jemerk. Späder hät de Mamm uns verzallt, dat se fruh wor, wie se der Papp endlich widder aläät derheim hatt. Dat de Mamm e paar Dach nit richtich met Aptitt esse kunnt, kunnte mer verstonn. Nie mih Rusemondaach, dät se sage... un em nöhkste Johr jingk se doch widder met.

# Wä sök wä?

Mer hät sich kostümeet jetroffe,
Sich jefohlt wie vurrelsfrei,
Hät jedanz bes en der Morje,
Ne Droppe Hätzblot wor dobei.
Die Stunde sin em Nuh verflore.
Hück woodt hä usjestallt, dä Kopp.
Beim Avschied feel nit ens der Name,
Doch üvvvrich bliev e Hätz, wat klopp.

Noh Äschermettwoch, widder nöhchter,
Der Fastelovend ess verflore,
Hööt dat Hätz nit op ze kloppe,
Wöss jän, ov alles wor jelore.
Wie fingk mer bloß ne fremde Minsch,
Dä ussohch wie ne Rude Funk,
Odder wie e Bärbelche,
Ov e ne Lappeclown, janz bungk.

Domet fängk aan, die Sökerei,
Dat, wat mer weiß, kratz mer zesamme
För'n Kleinaanzeich em Wocheblatt.
Mer bruch sich doför nit ze schamme,
Un mer beschriev su jot mer kann,
Wat aan Erenn'rung noch präsent,
Hoff, dat durch jezielte Wööd
Mer sich fingk zom`Happy-End´.

Un dann jeit et loss:

E söße Müüsje us Wahnheide,
Wat jester noch ne „Augenweide",
Sök dat Engelche met Baat,
Wat aan Kölsch nit hät jespart.

En Möhn us Neppes met vill Falde
Ess nit mih en der Bud ze halde,
Dät sich freue, wann dä Boor
Us Merkenich köm ens op Tuur.

Ne Indianer, brung jebrannt,
Dä noch en Poll wonnt bei der Tant,
Wöödt jän ens ohne Krun us Jold
Dat Fröschje sinn, wat im su hold.

E Känguruh janz ohne Büggel
Sök dat Ditzje met däm Nüggel,
Wat Forme hatt, wie'n Frau vun Welt,
It saat, it köm vum Ihrefeld.

En Elfe met janz krulle Löckcher
Em Minirock met Minisöckcher
Hatt Spass am „Jäger aus Kurpfalz",
Hädden dä jän jet mih am Hals.

Ne Pastur met wießem Krage
Mööch däm Nönnche noch jet sage:
Och wann et wonnt op der Schäl Sick,
Hä nöhm sich jän för it vill Zick.

Die Milkakuh met deckem Buch,
Männlich - Köm jän mih zom Zoch,
Sök janz verzwiefelt för sing Siel
Die Hex us Pooz om Bessemstiel.

Ich kann üch nor de Dume dröcke,
Dat ehr hat Jlöck trotz Möh un Tücke,
Un dat janz ohne Färv sich meldt
Dä Minsch, der üch zick kootem fählt.

# Äschermettwochsping

Ne Lappeclown sitz en der Eck
Un resümeet de Zick.
Der Fastelovend ess vörbei,
Jetz ess et esu wick.

Vum Kirchtoon schleit et zwölf mol laut.
Do ess de Meddernaach.
Der Äschermettwoch brängk, wie söns,
Et Krütz jrad för dä Daach.

Mer hät jedanz, jebütz, jelaach,
Mänchmol wor et och mih.
Engks vun der Fastelovendszick
Deit et em Hätze wih.

Su jeit et och däm Lappeclown
Do hingen en der Eck.
Hä hält sich fass aan singem Hot,
Nohkaate - keine Zweck.

Do vör der Weetschaff leuch et Föör,
Der Nubbel weed verbrannt
Met all däm, wat mer hät erlääv,
Un Trone sin kein Schand.

Bes nöhks Johr weed hück enjepack
Nit bloß dat Baselümche.
Och e paar Dräum kummen dozo,
Schlofen jetz e Ründche.

Doch weed de ehschte Trumm jeklopp
Janz leis, dat ess doch klor,
Steit och parat dä Lappeclown,
Hä bruch dat jedes Johr.

# He, do Leckerche

He, do Leckerche!
Bütz mich hück ens op kölsche Aat,
Freu dich met mer, ben e Frembche, do doll Weech,
Dunn met mer fiere un singe die janze Naach,
Un danz met mer, do Augestäänche,
Do, wo de Musick uns en Stemmung brängk,
Un mi Hätz jrad deer hück he un jetz
Wie e Luffschlangeröllche entjäje flüch.
Bes morje fröh, wann uns der Avschied wink –
Un dann, am Morje donoh, denken ich aan dich.
Dich jitt et nor eimol em kölsche Fastelovend,
Su blievs do mer en Erennerung.
Un Erennerunge hann ich jenohch,
Mih wie ein –
Un all hann se ne Plaaz en mingem Hätz,
Doht do eifach noch jet zosamme röcke –
Bes nöhks Johr –
Dann kummen secher widder e paar neu Erennerunge dobei.

# Steit do allt der Nubbel odder?

**Der Erlkönig von Goethe**
**Parodie op Kölsch**

Wä schlepp sich do durch et Neppesser Tal?
Et ess der Papp met singem Schmal.

Dä hät de Röggelcher öntlich wärm,
Doch der Papp hält en fass un secher em Ärm.

„Saach Jung, wat määs do e juxich Jeseech?"
„Papp, sühs do do der Nubbel, boah... weed et mer schlääch.

Dä widderlije Kääl, met Auge wie Föör?"
„Leeve Jung, do steit nor ding Jroß en der Döör."

„Wo kutt ehr dann herr, huhvoll wie en Senk?
Ich kennen üch, ehr kennt jo kei Engk.

Hät der Lommi en Düx üch Bein jemaat?
Ich well hoffe, ehr hat ühre Deckel bezahlt!"

„Saach Papp, dä Nubbel do määt mich beklopp.
Ich daach, dä wör bloß usjestopp!"

„Schmal, bess jetz stell, maach keine Radau!"
... Doch em Finster litt allt vum Nohber de Frau.

„No kutt endlich eren, su stief wie ehr sidd.
Met üch do määt mer öntlich jet met.

Et durt nit mih lang, dann kotz unse Schmal,
Un su wie dä ussüht, ess däm dat ejal."

„Papp, hör ens, wat schängk do dat Dudejeseech,
Die ahl Schabrack met däm Kampfjeweech."

„Jung maach jetz he bloß nit op decke Botz,
Nit dat do mer noch en der Nacke kotz."

„No bess endlich stell, do Jammerjestalt.
Maach he kei Thiater, söns bruch' ich Jewalt!"

„Papp, loss mich bloß nit met däm Schirvel allein!
Nä, wat ess et mer schlääch, ich well nor noch heim."

„Hoffentlich benimmp dä sich nit wie en Sau",
Simeleet der Papp, denk dobei aan sing Frau.

„Jung, bieß op de Zäng! Halt alles zoröck!"
Dä! Jetz ess zo spät, weil erus muss wat dröck.

# Sommer

# Em Bräues en der Altstadt

**Vers 1**
Jeder, dä noh Kölle kütt,
Dä fröhch: „Wo jitt et dat,
Wat dä Kölsche drink un sprich
Bei üch he en der Stadt.
Wo mer op Tradizijune steit,
Un Freud hät, nit zo knapp.
Wo der Köbes brängk em Kranz
Et Kölsch, janz fresch jezapp?"

**Refrain:**
Nohm Bräues en der Altstadt jonn nit nor die Kölsche jän,
Och Frembcher maachen off he Halt vun noh un och vun fän.
Noh ahler Tradizijun jebraut, su kütt dann op der Desch,
E lecker Kölsch, jolden de Färv, „faaßfresch"!

**Vers 2**
Minsche jonn he en un us,
Der Kölsche Klüngel blöht.
Eijentlich zick Iwigkeit
Zo Kölle dä jehööt.
Mer fiert he Fastelovend
Su, wie et fröher wor.
Dröm kutt uns ens besöke,
Et Bess wör jedes Johr.

**Refrain:**
Nohm Bräues en der Altstadt jonn nit nor die Kölsche jän,
Och Frembcher maachen off he Halt vun noh un och vun fän.
Noh ahler Tradizijun jebraut, su kütt dann op der Desch,
E lecker Kölsch, jolden de Färv, „faaßfresch"!

# E Schneiflöckche em Aujuss

Mer hööt esu vill üvver Pänz, die en der Pubertät sin, ungerwächs op dem Wääch zom Mann odder zor Frau ze wäde. Bloß richtich finge dunn se dä ehsch, wann der Ress vun der Famillich noh Monde am eije Versteisedemich zwiefelt un langksam ävver secher en de nöhkste Woche ne Psüchijater, ne Sieleklempner, zom Üvverlevve bruch.

Mädcher sollen sich jo en der Aanfangs- un Engksphase, (ovschüns dat jo kein Malätzichkeit ess) em Klortext: alsu unungerbroche, nor noch wie Zicke, die jet krank em Kopp sin, benemme. Dat weiß ich vun Fründinne, die jesänt sin met Weechter.

Wann nix mih jingk, kom janz entnerv dä Satz: Et Leevs dät ich die kratzböschtije Wiever met 16 enfreere un met 18 widder opdäue. Dann hätte mer dat all hinger us. Dat wör för all et Bess! Beim nöhkste Treffe woren dann die Pänz am meckere: In der Pubertät sind die Eltern am schwierigsten! Mänchmol war et schlemm för beidse Sigge.

Richtich methalde un metschänge kunnt ich domols nit. Ich hann ne Jung, un dä wor, janz ihrlich, üvverhaup nit schwierich. Ich jläuven, do wor ich, die Mamm vun enem „Ich hoffe der kütt bal en de Pubertät-Jung", die im op der Senkel jingk.

Mondelang hann ich in nit us de Auge jeloße. Bei däm dät sich jo jar nix! Dä kräch noch nit ens ne Pickel, noch nit ens ei klei Baathoor, nit ens e Füselche. Ming Schwester un ming Fründinne däte mer immer met verstecktem Stolz un jespilltem Zorn verzälle, dat allt widder ens e paar Jüngelcher öm et Huus scharwenzele däte un bei uns derheim wor Stelle. Minge Jung interesseeten sich för alles, nor nit för e Mädche. Wor dat normal? Woren do nit doch villeich e paar Jene, natörlich us der Famillich vun mingem Mann, nit esu janz op Zack?

De Mamm, alsu ich, ich maat mer doch su ming Jedanke, hoffentlich bliev minge Jung keine Jungjesell. Jot, ich dät en jo jän versorje, ävver wann ich ens nit mih wör? Unverhoots kom dann die Üvverraschung: „Mamm, ich krijje morje Besök vum Tina, dat hann ich vör e paar Woche em Zeltlager kennejelihrt. Dat schlief dann och bei meer."

Jung, dä jeit ävver raan wie Ferkes Willem. Ich kennen dat Weech üvverhaup noch nit, un do soll dat allt bei uns äh... bei im schlofe. Minge Klein ess jrad sechszehn. Vill zo fröh för su e jeräuch Pöppche.

Ming Mutter-Hormone woren am Tirvele un usjerechent morje ess minge Mann üvver Naach op Deensreis. Et bliev die janze Verantwoodung widder ens aan meer hange. Wie immer!

Pünklich zor Kaffezick stundt medden em Aujuss dat Tina-Pöppche vör mer. Mer hatten aan däm Daach su öm de dressich Jrad em Schatte, ävver dä 34-Fijor wor dat secher noch nit opjefalle. En enem spacke wieße Bötzje, wo mer der String-Tanga jot durch sinn kunnt, stundt et, enjeweckelt en e wieß Kunspelzjäckche, met nem Augeopschlaach em Stil vum Jarbos Jriet en der Döör. Un dat Jäckche, ich schwören et üch, hätt dat Weech ehsch naaks usjetrocke. Mer leefen allein vum Aanlore de Schweißpääle der Röggen erav.

Üvver die Naach mööch ich nit vill verzälle, nor eins, se wor ärch unräuhich för mich un ärch hektisch för minge Jung. Hück kann ich mich nit mih su jenau op alles besenne, ävver, su hätt mer dat minge Son noch letz verzallt, ich muss jede jeschlagene Stund en der Döör jestanden hann öm mich noh „ihrem Wohlbefinden" zo erkundije.

Domols hätt mich minge Jung et Leevs ömjebraat. Hä wör zo nix jekumme, wat hä ens jän usprobeet hädden, immer, wann et e bessje schön woodt, stundt ich jrad en der Döör odder hä kunnt mich op der Trapp allt höre. Ävver, maat üch kein Sorch, mer zwei hann dat all jot üvverstande un noh däm Aujuss-Schneiflöckche kom dann noh un noh die „Flockenverdichtung" un esu mänch Schneijestöber.

Jroß wäden se all un de Mamm muss lihre losszeloße!

# Eimol öm der Block

Et wor e bedröv Johr, dat Johr 2020 un nit nor dat, et hät einem och Angs un Sorch jemaat; wat schlemm ess...et jeit esu wigger...

Wat ha'mer nit all usprobeet, öm met der Zick, die mer hatte, söns e Jeschenk, jetz mih en Lass, jet wat Senn hatt aanzestelle. Mer mooten en Struktor en der Daach bränge, söns hätte meer, die kei Homeoffice un/odder Home"Schuling" hatte, bloß lang jeschlofe, jejesse, Sodoku entrötselt un vör der Äujelskess jesesse. Wat dobei erusjekumme wör: decke Fött un decke Büch.

Alsu ha'mer neu tapezeert, neu jestreche, der Keller un et Suteräng opjerümp, de rund Ecke ens widder eckich jeputz, de Schränk us- un neu enzorteet, de Jläser, die mer nie bruch, jespölt, de Katongs met ahl Fotos zorteet, die dann enjeklääv odder em Hück aanjekumme, digitaliseet, sich vun all dä Kledaasch jetrennt, die einem suwiesu allt zick Johre nit mih pass, jede Woch de Finstere jeputz un Klosettpapeer, Mähl un Nudele op Häuf jestivvelt.

All dat wor jot un schön, ävver die Fott ess jeblevve.

Jot Fründe, mer ess jo fruh, dat mer se üvver die kuntakärm Zick rette kunnt, kome met nem jot jemeinte Rotschlaach: Mer sollt sich jeden Daach jet bewäje, jet Sport drieve, domet et Blot en Wallung kütt un der Kreislauf nit esu fuul en der Eck erömlitt.

Dat ha'mer uns üvverlaat su noh däm Motto: Minger Jesundheit jet Jots dunn un eimol öm der Block laufe. Ävver janz höösch aanfange, bloß nix üvverdrieve. Alsu si'mer alle paar Dach e bessje spazeere jejange, en klein ov jroße Rund, et kom op et Wedder aan. Die klein Rund jingk üvver der Kirchhoff, die jroße Rund jingk durch et Dörp. Nohdäm mer om Kirchhoff bal zo jedem Jrav en persönliche Beziehung opjebaut hatte, doch neu Jräver vill ze föck dozokome, hatte mer kein Loss mih uns nor met Dude zo beschäftije, et woodt ömjesaddelt op et Fahrrad.

Mer radele jetz, ich mih wie ärch „sporadisch" su alle paar Woche durch de Nator un wade op der Erfolch.

Noh un noh kome mer dann Jedanke, weil ming ahl ledeet Knoche-jerämsch nit esu vill Freud am Sport hatt; ess Sport ihrlich su jesund?

Su richtich hann ich dat noch nit verstande, nohdäm wat ich all erusje-fungen hann, weil dä Kääl, dä et Laufband erfungen hät, ess met 54 Johr jestorve, der Bodybuilding-Weltmeister met 41 Johr, der Erfinder vun der Jymnastik met 57 un dä Kääl, dä en Amerika et Jogge erfungen hät, ess met 52 Jahr verstorve, 52 Johr!!... Eh! Jesund???

Komisch, der Erfinder vun Nutella ess 88 Johr jewoode, der vum Hennessy Likör 98, dä, dä die Winston-Zerette zesammejeknuv hät, woodt 102 un dä, dä dä Stoff Opium unger de Lück jebraat hät, jov met 116 der Löffel av.

Wie kummen die Lück bloß dodrop, dat Bewäjung et Levve verlängert?

E Kning höpp si Levve lang erop un erav un durch de Jäjend, weed trotz-däm bloß 2 ov 3 Johr alt, ävver en Scheldkröt, die kaum en Bewäjung zosätzlich määt, schaff off mih wie 400 Johr...

Doht üch entspanne, doht esse un drinke, doht et Levve jeneeße, wat et em Augenbleck herrjitt un doht üch jet bewäje, dat ess nit verkeht. Ävver e Brütche met Nutella, e Hennessy Likörche donoh, villeich noch e janz janz fuzzich Jrümmelche vun däm Opium, nä, besser nit, leever e klitzeklei Zerettche, määt der Bock nit fetter wie hä allt ess.

# Et Bunnefitschmaschinche

Kennt Ehr e Bunnefitschmaschinche?
High-Teck-Jenoss för Jroß un Tant.
Vör üvver aachzich Johr wor dat
En jedem Huushalt jot bekannt.

Us Ieserjoss, en schwatz ov selver,
Met Treechter, Kurvel, Messerschiev.
Et jingk vill flöcker wie vun Hand
Denne Bunne aan der Liev.

Die Kurvel woodt jedriht met Schmackes.
Wat en Erfindung! E Jedeech!
Ehsch bovven volljestopp met Bunne
Komen die jefitsch aan't Leech.

Dat wor en Hölp, och för ming Mamm.
Wä sich wal noch erenn're kann?

Kennt Ehr noch ne Rad-Schneibessem?
Jebruch woodt dä beim Kaffekränzje.
Et wor ne Quirl, dodraan e Rädche,
Mer Puute drihten uns zom Schänzje.

En en Kump die fresche Sahn,
Jet Zucker drop, dann av die Poss.
Mänchmol woodt se mih wie stief.
Dann wor bei uns der Düvel loss.

Hück kütt die Sahn' vun jetz op jlich
Stief us dem Mixer op der Desch.

Kennt Ehr noch e Kehrmaschinche?
Handlich, eckich, met nem Stiel.
Met Rolle drunger, wie en Böösch,
Jrümmele woren si Ziel.

Üvver der ahle Teppichboddem
Fuhr mer met däm kleine Dinge
En der Hoffnung, dat die Bööschte
Jede Jrümmel däte finge.

En Spillerei, wa'mer hät Zick
Ne Robbotor, dä määt dat hück.

Doch...
Dat ahle Bunnefitschmaschinche
Erwaach em Retro-Look zom Levve.
Un och der Schneibessem met Rädche
Weed als Antikche et noch jevve.
Dat Kehrmaschinche hilf zor Nut,
Och hück bei Jrümmele vum Brut.

# Wä zoletz laach ...

Der Manes woll allt zick Johre ens op de Weidenpescher Rennbahn. Dat hatt sich en singem Jeheensschaaf fassjesatz, un wa'mer su jet em Kopp hät, muss mer dat irjendwann ens erledije.

Aan nem Wochenengk em Sommer hatt der Manes dann singe Fründeskreis, sechs jestande Junge us dem Levve, mobil jemaat, un se maaten sich op noh Weidenpesch. Keiner vun dä Käls hatt ne Versteisdemich, wie su e Renne avläuf un wat mer eijentlich wesse sollt. De Haupsaach wor eifach, sich ens en Nas vum „hühtere" Levve, alsu vun de Männer un de Fraulück met jroße Hööt metzonemme.

Alles wor jot, se hatten Setzplätz met freiem Bleck op de Bahn un kaum soßen se, do woodten och allt die Pääder met de Jokeis vörjestallt. Wat se us dem Lautsprecher hoote, wor et e Amateur-Hindernesrenne met sibbe Pääder am Start. Ejal ov Amateur odder Profi, Haupsaach die Pääder däte laufe.

Jetz kom natörlich die wichtichste Frohch op: Op wat för e Jespann setze mer uns paar Nüsele? Vill wollten se nit usjevve, nor e paar Euros, et wor, wie mer su säät, jo nor „just for fun". Op zehn Euros vun jedem hatten se sich jeeinich.

Un do se sibbe Mann wore, wor die Opdeilung flöck klor; jeder dät op e ander Pääd setze. Einer vun enne wöödt op jede Fall jet jewenne. Der Manes hatt sich vill Zick beim Ussöke jenomme. Die Pääder hatten janz dolle Name: Botterblömche, Zorro vum Ihrefeld, Tronskann vun Düsseldorf, FC Kurelbletz, Laufmasch Schäl Sick un esu wigger. FC Kurelbletz, dat, jenau dat wor dem Manes si Pääd. Su flöck wie der FC spille dät, kunnt dat Deer bestemmp och renne. Jederein hät jo e Rääch op Dräum! Et blevv jrad noch Zick för e paar Kölsch, un dann feel allt der Startschoss. Die Pääder jingken av wie Schmitz Katz. Op dem janze Parcour woren aach huh Hecke us Buchsbäum, die ussohche wie riesije Blomekäste, als Hindernesse opjestallt. Ens jespannt, welches vun dä Pääder se all schaffe wöödt.

Et ehschte Hindernes kom, der Manes hatt för singe FC Kurelbletz allt der Sieg en de Auge stonn un kräht de Bejovung. Usjerechent si Pääd dät et ehschte Hindernes allt nit packe, nix met Kurelbletz, un der Reitersmann bovvendrop flohch met nem öntlije Schasewitt en der Sand. Dat wor natörlich Wasser op de Müll vun de Fründe un der Manes woodt öntlich op de Schöpp jenomme: Mer hann der tirek jesaat, do häss op en lahm Ent jesatz! Loor der die ahl Schabrack doch ens jenau aan! Dat kunnt mer däm Deer doch allt aan de Auge aansinn, dat dat de Bein nit huh kritt. Schadt der nix, weiß et jo immer besser! Loor ens, wie uns Pääder et jöcke!

Jet stinkich un soor hatt der Manes de Muul voll Zäng, ävver hä wor trotzdäm stolz, dat si Pääd un singe Reiter noh janz kooter Zick, et wor keinem jet passeet, widder op de Bein wore un de Verfoljung zom Haupfeld opnohme. Jot, der Avstand wor secherlich mih wie veerhundert Meter, ävver se maaten sich op de Söck! Mer kann och met Ihr verliere.

Die nökste Blomekäste, nä, Hindernesse woodten vun alle sibbe Pääder met Bravour jenomme. Dem Manes si wor zwor de „Nachhut", ävver dobei.

Et letzte Hindernes kom. Jetz woodt et op der Tribün jet unräuhich. Wä vun dä Veerbeiner jingk wal als Ehschter durch et Ziel?

Der Herrjott muss mem Manes verwandt sin odder villeich woll hä nor noch ens e klei Wunder vollbränge. **Alle sechs Pääder** däten der jroße „Blomekaste" nit schaffe, leefen en de verkehte Reechtung odder medden durch de Heck odder der Reiter flohch en en Hött. Wä ävver met jroßer Selvsverständlichkeit et letzte Hindernes nohm, dat wor dat Pääd vum Manes, der FC Kurelbletz. Jewonne! Wä zoletz laach...! Die Freud wor jroß. Jetz komen och kein domm Spröch mih. Un us dä zehn Euro Ensatz woodten dreiunaachzich Euro.

Dat et die dreiunaachzich Euro nit bes en die Botzetäsch vum Manes jeschaff hann, dat wor kei Wunder. Fründe blieve Fründe. Die Nüsele woodten tirek en Kölsch ömjesatz.

# Hervs

# Hervs-Impressijune

Se sagen tschüss die Sommerfärve,
Dat Rut, dat Blau, dat Wieß, dat Jrön.
Hervsblome, mehschtens jääl un brung,
Maachen die koote Däch jetz schön.

Se sagen tschüss die Boorelück
Met Schüürefess un decke Säu.
Et Dörp weed winterfass jemaat,
Un och de Köh jonn heim en't Heu.

Se sagen tschüss die Döff vum Sommer.
Et letze Mol der Jrill jestoch.
Der Rumpott ess jeföllt bes bovven.
De Äppel sin lang enjekoch.

Se sagen tschüss die Kirmesbüdcher,
Am Spieß der Brode, leich verbrannt.
Ei Kölsch vum Faaß, dann av noh Huus,
De Zuckerwatt fass en der Hand.

Se sagen tschüss die Pattevüjjel,
Kraniche jonn op jroße Reis.
Altwieversommer koot för'm Engk –
De Johreszick driht sich em Kreis;
Mer spört, der Winter kütt janz leis.

# En Klosettbrell säät alles

Zick janz vill Monde, eijentlich allt zick Johre, sök et Trudi en Putzhölp för singe jroße 5-Persone-Huushalt, ävver et fingk eifach kei Frauminsch, wat met aanpacke well.

För e paar Dach, et wor de ehschte Adventswoch, hatt et widder ens die Saach en de Häng jenomme, weil, wat all noch bes zom Hellije Ovend ze dunn wor, it allein bal nit mih stemme kunnt. En singem Rewe-Supermaat öm et Eck hatt et op e Neus nen Zeddel met singer Tilefonnummer opjehange. Met Jroßbohchstabe stundt drop: Söke en fließije Hand för e paar Stündcher Fraulücks-Huusarbeit! Villeich, su daach et sich, hatt et jo jrad vör de Fierdäch, wann jederein e bessje mih Nüsele jebruche kann, ens Jlöck.

Am nöhksten Daach reef en Männerstemm aan un woll dem Trudi en russische Studentin aanbeede, nä mih „verkaufe". Wor dat Weech üvverhaup en Putzhölp odder mih su jet, wie soll mer sage, för e paar besonders schön Stündcher för der Huushär. Et Trudi dät sich ennerlich jet schamme, üvverall sohch et tirek Schlääachtichkeit, dat mööt et ändere, su köm et nit wigger.

Die Fraulück, die sich späder noch jemeldt hatte, kome zom vereinbarte Termin ehsch jar nit vörbei, un dä Bewährungshelfer, dä met nem junge Weech ens eifach su för der Huusdöör stundt, hatt och kei Ass för it em Ärmel. Wigger söke.

Janz janz jroße Hoffnung kom op, wie et e paar Dach späder beim Rewe ne Zeddel aan der Pinnwand sohch. En krakelijer Handschreff stundt do: „Putzstelle gesucht 6 Stunden".

Schingks, dat künnt en älder verläßlije Frau sin, ußerdäm sohch die Handschreff us wie die vun singer Jroß. Bestemmp en jode Siel, daach sich et Trudi, dat ess Deming! Janz höösch, ohne dat et einer jesinn hatt, dät et alle Tilefonnummer-Zeddelcher avrieße, domet kei ander

Frauminsch die „gute Seele" och noch aanrofe kunnt. Ennerlich wor et am frohlocke: Die Hölp jehööt jetz mir!

Derheim wor et tirek am Röhr, dat Jespräch wor nett un ärch fründlich un die älder Frau dät et Trudi öm alles andere ze bespreche zo sich noh Huus enlade.

Der Mann vum Trudi wor jet nohdenklich, komisch, dat die dich noh Huus entlädt? Ävver dat dät et Trudi nit störe, et woss jo noch vun singer Mamm, wann die sich fröher en neu Putzhölp jesok hatt, dat die vörherr unverhoff bei der derheim opjeschlage wor, jet verzallt hatt öm irjendwann heimlich op et Klosett ze verschwinde un do ze lore, ov der Brell sauber wör; denn wann et Klosett sauber wör, wör dat wie ne Sechser em Lotto.

Alsu jingk et Trudi am nöhksten Daach bei die nette Frau op en Tass Kaffe. Öm et koot ze sage, et Klosett wor vörbildlich sauber un dät dozo noch jot ruche. Kei Stöbbkönche wor om Möbelemang ze sinn un dem Trudi jingk et Hätz immer wigger op: Jenauesu hatt et sich en Hölp vörjestallt!

Mer soll sich nit ze fröh freue! Am Engk vum Jespräch kom dann erus, dat die nette älder Frau för sich selver en Putzhölp söken dät. Et wor leider alles e Messverständnis. Schadt!

Ävver et Trudi hädden dä Job jehatt!

# Haldt dich aan mer fass!
# (Love is in the air)

Haldt dich aan mer fass,
Ich ben stark jenohch för zwei.
Haldt dich aan mer fass,
Maach dich ens vun Sorje frei.

Mänchmol weiß mer nit mih, wo et lang jeit
Un de Angs krüff bes deef en de Siel.
Bliev bei meer, janz ejal wo ding Dräum sin.
Haupsaach ess, dat am Engk ich di Ziel.

Haldt dich aan mer fass,
Denn mi Jlöck hät di Jeseech.
Haldt dich aan mer fass,
För mich bess do Luff un Leech.

Denks do och, et jeit su vill verlore,
Wat uns zwei janz allein hät jehürt.
Kumm bei mich, kein Minutt ess verjesse,
Ich hann dich immer „hautnah" jespört.

Haldt dich aan mer fass...
Haldt dich aan mer fass... Ohoo

Haldt dich aan mer fass,
Ich ben fruh, dat mer uns hann.
Haldt dich aan mer fass,
Met dir jläuven ich och draan...

Irjendwann muss mer ens drüvver spreche,
Domet dat, wat uns dröck, flöck verflüch.
Kumm hück fleje mer zwei en der Himmel,
Villeich ess dat ne Wääch och för üch.

Haldt dich aan mer fass.,
Ich ben froh, dat mer uns hann.
Haldt dich aan mer fass,
Met dir jläuven ich och draan...

Irjendwann muss mer ens drüvver spreche,
Weil dat, wat dich bedröck, neu för mich.
Komm hück fleje mer zwei en der Himmel,
Villeich ess dat ne Wääch och för dich.

Haldt dich aan mer fass...
Haldt dich aan mer fass.. Ohoo

Haldt dich aan mer fass..
Haldt dich aan mer fass.. Ohoo

# Ne Spetzebody zo vill

Eijentlich hatt et Resi hück Ovend jar kein Loss, met singer Fründin öm de Hüüser ze trecke. Ävver wat mer versprich, dat muss mer halde, och wann et noh däm Disköösch met singem Fründ, dä allt Jewende wor... bess do allt widder fott!!!...et Leevs derheim blieven dät. Nor, noch e klei Stöckelche mih vun singer Selvsständichkeit wör dann allt widder fott.

Alsu de Klamotte aan un erus. Pünklich kütt et en der klein Weetschaff op der Eck aan. Et jeit jän heherr. He stonn immer nette Lück aan der Thek un Spass un Freud kumme nit ze koot. Ävver hück fällt et dem Resi schwer su usjeloße un löstich wie söns metzemaache.

Noh nem flöcke Rundömbleck stellt et fass, dat sing Fründin noch nit do ess, doför bliev et em jliche Augenbleck aan e Paar blau Auge en schwindelijer Hüh hange. Bletzschnell rejistreet et die janze „Optik“ un muss öntlich schlecke; dä Kääl, dä zo dä Auge jehört, süht verdammp jot us. Och dat noch! För däm Kääl jetz schön Auge ze maache ess et nit opjelaat. Doch däm sing Auge sin immer jenau do, wo et hinlort. Nohdäm et Resi met singer Fründin, die jot jelandt ess, et Wichtichste besproche hät un langksam en singem Kopp widder alles aan de richtije Plaatze, jeit et zom Aanjreff üvver un fängk met dem staatse Kääl nen Verzäll aan.

Natörlich ess dä nit vun he, määt ävver he Jeschäfte, lääv zick e paar Woche em Veedel un föhlt sich ärch verloße un allein.

Die Jespräche sin am Aanfang noch löstich, ävver su noh un noh kummen och trorije Tön huh. Unverhoots kütt: Eijentlich woll ich mer hück en Frau söke, öm dis Naach nit allein ze sin. Su jet Knuddelijes, Wärmes, et Leevs jet domm, nor för et Bett, un jetz fingen ich dich. Do pass nit en mi Beld!

Un ovschüns et Resi nit „pass“, blieven se der janze Ovend zesamme un et weed wunderbar. Och sing Fründin amüseet sich jot un jemeinsam sagen se irjendwann tschüss.

Noch em Jonn kütt der Rof vun däm Blauäujije: Maach mer die Freud un rof mich morjen aan!

De janze Naach deit et Resi kei Auch zo. Dä Kääl hät jet, häut et eifach öm. Dä Aanrof vun singer Fründin am nöhkste Morje brängk et zwor e bessje op der Boddem zoröck: Loss dich op nix en, dä ess et nit wäät, dä määt dat met alle Fraue esu, do bess nit die Einzije, irjendwann deit hä dir wih un, un... doch op die jot jemeinte Rotschlääch well et Resi nit höre, em Jäjendeil, et mööch mih vun däm Draummann wesse un röf aan.

Hä klingk nit jlöcklich am Tilefon: Kanns do nit flöck kumme? Wie vun Jeisterhand jeföhrt, ohne zo üvverläje, setz et em Auto un fährt loss. Hä wadt allt aan der Döör. Se kummen en't Verzälle. Hä ess verhierot, ( hatt et sich allt jedaach, sujet läuf nit allein durch et Levve) hät drei Pänz, Probleme em Jeschäff, et läuf all nit rund un janz schlemm ess, dat hä en Kölle allein ess.

Bal ohne dodrüvver nohzedenke landen se en der Fluhkess un för en koot Zick setz et Jeheensschaaf us. Se föhlen sich wie op ner Insel. Doch de Zick läuf. Der Avschied weed immer widder öm e paar jlöcksillije Minutte erusjetrocke. Et Resi versprich sich noh ner Zick widder ze melde, domet se sich noch ens widdersinn.

Mettlerwiel sin Woche verjange. Et hät en der Zweschezick e paar Woche Orlaub hinger sich, hä e paar Woche met singer Famillich, doch immer widder fingen se zesamme. Et ess su en Aat „Fründschaff", Bedörfnisfründschaff, wa'mer dat üvverhaup dozo sage kann. Hä well nix „Festes"...wat well hä eijentlich?

Nohdäm et Jeheens beim Resi endlich widder aanfängk ze arbeide, määt et sich su sing Jedanke: Wat spillt it üvverhaup en däm „Thiater-stöck" för en Roll?

Woren de ehschte Treffe, wie noch sing Einsamkeit em Raum stundt, jet för Hätz, Siel un Liev, muss et su e unpersönlich Treffe wie et Letz nit noch ens hann. Unverhoots merk et op eimol, dat, wann et nit esu läuf, wie hä sich dat vörjestallt hät, it üvverhaup nit zällt. Alsu, wat maachen ich üvverhaup he? Hann ich et nüdich op e fründlich Woot ze wade?

Ohne jet ze sage steit hä us der Fluhkess op. En däm Augenbleck deit et sich vör sich selvs schamme, trick sich flöck wie ne Bletz aan un bemerk beim Tschüss sage, dat et en Hoorspang vermess. „Do häss die secher em Bett verlore", met dä Wööt jeit hä en et Schlofzemmer un vum Flur us süht et Resi, wie dä „gutaussehende, braungebrannte Riese", jet dömmlich verbasert jrins un wie ne kleine Jung, dä en Wundertüt jeschenk kritt, ne elejante, zarte, zierliche, wieße Spetzebody unger der Deck erus trick, op där se bes evvens allebeids noch jeläjen hann.

Schingks, sing Einsamkeit hät nohjeloße.

Et Resi hatt allt fröher ne aanjeborene Senn för Zituatijunskomik un wie us der Pistol jeschosse kütt et us im erus: Leeve Jung, met däm winzije Spetzebody wees do öntlich Moläste hann, bes do dä aanjetrocke häss.

Endlich ess singe Kopp widder klor. Na, do doll, blink Hohn, ärch domm jelaufe för dich. Selver Schold. Do bess nix „Exklusives"! Bodies vör dir un Bodies noh dir!

Ävver dat Schlemmste ess, sing Fründin hatt ens widder Rääch.

# Verdraach ess Verdraach!

Allt jot zehn Johr sin et Marlene un der Klaus-Dieter verhierot. Drei Pänz, alles Pooschte, maachen dat Famillijejlöck kumplett un su „nevvenbei" hann se en där Zick och noch e schön Huus jebaut. Alles hät jeflupp, un dat all ze stemme määt et Levve vun dä zwei nit jrad langwielich.

Su noh un noh hann se sich dann die Zick jenomme, dat modän jebaute Famillijeness met passendem Möbelemang: hell, klassisch, jrad, ohne Schnörkele, mer künnt sage spartanisch, uszostaffeere.

Wie jesaat, et läuf, doch zick e paar Woche kütt der Klaus-Dieter immer öfter noh Huus un brängk jet met: Kuns! Op eimol interesseet sich dä Kääl för Kuns! Et Marlene fällt us alle Wolke. Hück hät hä e besonder Beld vum Kölner Dom, en Strechzeichnung, die e bessje wie e ahl Streckmuster vun der Jroß ussüht, ungerm Ärm. Vör e paar Dach wor et en klein Plastik vun nem Heinzelmännche, et Materijal nit zo erkenne, un dovör irjendjet Antikes aan Kunsdrocke us dä ahl Bundesländer.

No ess dat nit esu, dat dem Marlene dat nit jefällt, schleeßlich wollten se allebeids et Huus jet jefällijer maache, ävver et wöödt doch jän bei dä Saache winnichstens jefrohch un künnt metspreche un sing Meinung sage. Ußerdäm süht it noh e paar Mond, langksam hann se Kuns jenohch em Huus, mer muss et nit tirek üvverdrieve.

Nohdäm et widder ens e paar Mol bei neue „Steherömcher" eifach üvverjange woodt, platz im der Krage un us luuter Woot kann it nor brölle: „Kaufe, immer nor kaufe!! Verkauf do doch endlich ens jet vun unserem ahle Pröll us der Karaasch. Verkauf doch ens ding janze Winterreife vun all dä Autos, die et allt zick Johre bei uns nit mih jitt. Woför jitt et dann Ebay? Kanns doch söns alles am Komputer!" Dat hät jesesse.

Noh un noh weed et jet rauhijer en Saache Kuns kaufe un et normale Levve liet et Marlene die janze Aanjeläjenheit verjesse. Irjendwie läuf de Zick. Bei drei Puute ess immer jet mangs. De Däch odder de Woche sin mänchmol ze koot, un op eimol ess der Winter do. För et Marlene en besonders hade Zick. Jrad vör de Chressdäch kutscheet it jeden Daach die drei zom Übe vun de Adventsspillcher en de Schull odder en der Kinderjade. Zweschedurch enkaufe un Jeschenke besorje, dann widder zoröck un de Pänz ensammele.

Hück ess su ne „Horrordaach" un och noch Jlatties. Zo spät bemerk et Marlene dä Pohl aan der Beifahrersick. Keinem ess jet passeet, ävver die Döör hät et hinger sich. Och nä! Der Klaus-Dieter weed widder e Spill drus maache.

Su e Jeseech wie dä am Ovend määt, hatt hä wal keine jode Daach en der Firma. Pass widder wunderbar!! Nohm Ovendesse, de Puute sin en der Fluhkess, määt et Marlene op ärch fründlich un versök dem Klaus-Dieter die kapodde Autodöör met e bessje Schmus jet nöher ze bränge, et weiß jo allt, wat kütt:... „Wie kann dat einem bloß passeere, do pass eifach nit jenohch op!"

Medden en singem fundeete Vördraach, wat all hädden passeere künne, hööt hä unverhoots op, lort dem Marlene en de Auge un säät: „Ich muss deer och jet bichte. Ich woll dich hück mem Verkauf vun de Winterreife üvverrasche. De Winterreife sin nit fott, ävver ich hann mich verdonn un bei Ebay e kumplett Wonnzemmer us der DDR ersteijert, dobei woll ich bloß der schöne Schrievdesch hann, ävver all dat, wat op dem Beld ze sinn wor, jehoot dozo!"

Noh e paar Sekunde Dudesstelle kütt jetz der Bröl vum Marlene: „Ich räje mich allt jenohch üvver ding Kunsopjekte op un jetz schlepps do uns e janz Wonnzemmer aan. Maach dat röckjängich. Wat solle mer met däm janze Krom. En mi Wonnzemmer kütt dovun nit ei Deil."

Jet kleinlaut versök der Klaus-Dieter met dem Verkäufer jet ze maggele, ömesöns. Verdraach ess Verdraach, nix met röckjängich maache, dä wedelt allt tirek mem Aanwalt, wann et Thiater jöv. Dat Wonnzemmer ess jekauf, un der Huussän hängk öntlich scheif. Un jetz kütt noh jet bovvendrop: Dat janze unnüdije Möbelemang muss aan der polnische Jrenz avjeholt wäde. Met deckem Hals weed vum Klaus-Dieter ne LKW jemeet un en ner Wochenengk-Akzijun dat janze Spill avjehollt. Se krijjen die „Antikcher"- Schrievdesch, Stöhl, Desch, Vertiko, e Jläser- un e Wäscheschaaf su jrad op der LKW. Ungerm Desch steit noch der Orijinalpries: 220 Ostmark!

Mettlerwiel sin e paar Woche verjange, der Huussän hängk widder jrad, mer hät sich arrangeet un su zo ner janz persönlije „Wiedervereinigung" dank Ostmobiliar jefunge, ovschuns et dem Marlene ens koot en der Senn kom, die Berliner Mauer vör der Wonnzemmerdöör widder huh ze trecke.

Doch nohdäm de Fründe, die bes hück op Besök do wore, met Bejeisterung nit jespart hann, wie jeschmackvoll et Wonn- un Esszemmer met „Alt un Neu" möbeleet wör, föhlt et Marlene sich ärch jeschmeichelt. Et hät suwiesu immer jewoss, dat der Klaus-Dieter, singe Klaus-Dieter ne Jode ess. Un för et Möblemang hatt hä allt fröher jenau dä richtije Bleck un e jot Hängche. It woss dat allt immer aan im ze schätze.

# Se sin all ehsch nüngunveezich

**Vers 1**
Der Härry ess ne staatse Kääl, fließich, akkerat
Un en singem Job en Ass. Hä määt, wat nit flupp, jrad.
Och söns ess hä ne finge Minsch, dobei ärch kreativ.
Kei Wunder, dat im do zom „Flirte" off kein Zick mih bliev.
Un dat ess, wa'mer ihrlich ess, dat Manko, wat hä hät:
Hä ess allt veerunfuffzich un litt doch allein em Bett.
E Frauminsch dät im fähle, su e Mädche för et Hätz.
Zom Jlöck jitt et hück Lüsunge – un dröm ess hä jetz:

**Refrain:**
Bei Parship un ElitePartner endlich rejistreet.
Doch wat im aan de Niere jeit, weil't jedes Mol passeet:
Ejal ov dick, dünn, jroß ov klein, ov blond, ov schwatze Hoor,
Selvs wann se voller Falde sin...
Die Wiever sin all ehsch nüngunveezich Johr!

**Vers 2**
Hät mer e paar Mol sich jetroffe, immer janz korrek
Jet Feldforschung bedrevve. Alles ess neu un jeck.
Dann stellt mer fass, su janz neutral, et weed vill jeloge,
Allt bei de Kilos, wie et schingk, jingken e paar verlore.
Kütt mer sich dann jet nöher un et weed langksam nett,
Drucks dat Weech jet drömeröm un säät: „Do ess noch jet!
Mi Alder ess nit wirklich su," dem Härry qualmp der Kopp,
„Op die nüngunveezich Johr kummen zehn mih noch bovven drop."

**Refrain:**
Bei Parship un ElitePartner endlich rejistreet.
Doch wat im aan de Niere jeit, weil't jedes Mol passeet:
...

# Winter

# He hingen, wo de Kääze stonn

Ich wör su jän en klein ahl Kirch,
Voll Weihrauch, Kääzesching om Birch.
Wann do bedröv, nix määt der Spass,
Köms do bei mich met dinger Lass,
Beuchs dinge Kopp, de Döör fällt zo,
Mer sin allein jetz, ich un do.

Ich halden dich em Ärm voll Leev,
Sän dich us mingem Hätze deef,
Un fängk ming Orjel aan ze klinge,
Dann dunn nit met de Trone ringe.

He hingen, wo de Kääze stonn,
Kumm setz dich herr, bruchs nit ze jonn.
Jlöck, Unjlöck, alles määt der Angs.
Bess stell, kriesch nit, kriss jetz die Schangks,
Ens nor aan dich allein ze denke,
Villeich kanns Mänches do neu lenke.

Bei Kääzejlanz en minge Moore
Lautlos verjonn ding Tronespore,
Die Engele, die dich belore,
Singen för dich, nor för ding Ohre.

Ich wör su jän en klein ahl Kirch,
E Joddeshuus, bovvem om Birch.
Schön, wa'mer fingk en mingem Ärm
Jet Hoffnung un et Hätz weed wärm.
Ejal wä kütt met singer Lass,
Ming Döör ess op, hoff, dat et pass.

Nach einer Idee von Manfred Hausmann

# Vum Düüstere en't Helle

Et weed fröh düüster em Advent,
Wa'mer durch de Stroße jeit.
Jrau sin de Hüüser, die am Wääch,
Un mer vermess de Sonn un Leech.

Loor, em Finster strohlen Kääze
Durchbreche flöck dat fiese Jrau.
Vun alle Sigge kummen Döff,
Kösslich, nit dä ahle Möff.

Et rüch noh Plätzjer, Koche, Stolle,
Vum Chressmaat kütt noch mih dozo.
Jlöhwing, Kuschteie, Nöss, die kraache,
Un mer kritt Schless op all die Saache.

Ka'mer en et Zemmer lore,
Jrad em Parterr' jeit dat off jot,
Süht mer wie Pänz sich amüseere.
Hööt, wie se Leeder enstudeere.

Der Adventskranz met rut Kääze
Steit meddendren om Köschedesch.
Chressdaach litt allt en der Luff.
En Leechterkett hängk en der Stuff.

För de Pänz stonn opjereiht
Adventskalender op dem Schaaf.
Die ehschte Döörcher stonn allt op,
Die andere waden noch dodrop.

Us nem Kapellche hööt mer Leeder,
Süht Leechterjlanz hinger de Schieve.
Kinderlaache kütt vum Chressmaat,
Wo klein Büdcher maachen Staat.

Et weed fröh düüster he en Kölle,
Wa'mer durch de Stroße läuf.
Söns nor jrau, hück strohlt uns Stadt;
Määt Siel un Hätz  widder ens satt.

# Adventszick

# Bastele för ne jode Zweck

Sing drei Pänz met allem Dröm un Draan zo versorje, brängk et Anne off aan et Dämpe, un et kritt mänchmol nit de Kier. Bei Weechter met su vill Enerjie ess immer jet jebacke un, ejal off Schull, Jymnasijum odder Kinderverwahrschull, wat do aansteit muss it meistere. Dozo kütt: Si Altarjeschenk verwenne, der Huushalt orjaniseere, der Jade un der Hungk versorje, koche, wäsche, büjele, de Fründe bei der Stang halde un, un. Met all dem Jedöns bliev för it selvs nit ens Zick för e paar Sigge en nem schöne Bohch ze lese, jet kütt immer ze koot, un mehchtens ess dat beim Anne et Kinderjadekind.

Wie jerofe kütt ne Zeddel am Schwatze Brett em Kinderjade wo dropsteit, dat mer sich för ne Adventskalender ze bastele he endrage künnt. Et Anne liss nor die Wööt Adventskalender bastele, endrage, der janze andere Seiver nit, un tirek kütt em dä Enfall, dat künnt et met singem Kinderjadekind, dem Laura, maache. E paar Stund nor met däm Klein allein, ohne sing Schwestere, domet künnt et ens jet jot maache. Et jitt laut Zeddel e paar Müjjelichkeite, mer kann aankrütze: „Mutter mit Kind, Kind mit Vater oder Ehepaare." Et Anne dräht sich unger: „Mutter mit Kind" en un ess noh ner Zick verbasert, dat it wochelang för alle Lück ze lese, allein op dem Zeddel steit. Bestemmp hann die ander Eldere ze vill ze dunn un kein Loss nommedaachs noch ze bastele. Eijentlich schadt. Schleeßlich kütt doch noch ne Endraach dobei.

Aan dem Basteldaach höllt et Anne si Döhchterche av, öm tirek met dem Klein nevvenaan en der Bastelraum ze jonn, do kütt die Madamm, die et Sage em Kinderjade hät, aan de Döör: „Frau Dingens, ich nehme die Laura jetzt noch mal mit. Die Zeit sollten Sie für sich nutzen. Es ist toll, dass Sie alleine gekommen sind. Ich stelle Ihnen die junge Gemeinderefrentin für Familientherapie, die den Kurs leitet, erst einmal vor." Et Anne kütt jet aan et Simeleere... Famillijetherapie met Adventskalender bastele? No jo, su schlääch hööt sich dat jar nit aan. Wa'mer drei Weechter hät en „Entwicklungsphasen", die einem mänchmol jrau Hoor maache, ich sagen nor „pubertiernder Teenager", ka'mer op die jung Referentin villeich en tillekate Zituazijune ens zoröckjriefe. Wat kütt ess en nette Bejrößung un die Frohch:

„Was kann ich für Sie tun?" Et Anne muss nit lang üvverläje. „Nix Spezijelles, ich hann mich hück op dat Bastele jefreut." Jenau en däm Augenbleck jeit de Döör op un e Päärche kütt eren. Dä Mann, nett un fründlich, ärch öm sing Frau bemööt, die Frau en Hipp, unfründlich, schläääch jesennt, e Jeseech ohne Jeseech. Nit jrad jet för ne jenöhchlije Bastelnommedaach. Noh kootem Verklöre vun der jung Referentin stellt sich erus, dat dat Bastele nix för Kinder, nä, dat Bastele ess för Ihepaare un jebastelt weed ne „Partner-Adventskalender".

Et Anne fingk dat richtich jot. Op su nen Enfall wör it bei däm janze Trubel derheim niemols jekumme. En doll Saach för singe Max. Mer soll Käätcher usfölle met Saache, üvver die sich et Altarjeschenk freut. Et Anne hät Enfäll jenohch... Lieblingszupp koche, Lieblingsplätzjer backe, met op der Foßballplaatz jonn, en et Kino, op e Kölsch en der Weetschaff op der Eck, en Massaasch för der Rögge un esu wigger. Die widderlije Hipp hät nit ens eine Enfall, knöttert eröm, weed immer muulijer, hät för nix Loss. All dat, wat die jung Referentin däm Hangdeer versök met vill „Einfühlungsvermögen" schmackhaff ze maache, weed avjedonn als Dress un... „hät doch alles keine Zweck". Met Bejeisterung süht die Referentin, wat et Anne all opschriev un säät: „Sie haben ja ganz viele wunderbare Ideen. In ihrer Ehe scheint es ja doch noch gute Ansätze und ganz viel Gefühl zu geben."

Et Anne fingk die Bemerkung zwor jet komisch ävver määt aan singe Saache wigger. Irjendwann ess die Bastelzick avjelaufe, dä „Partner-Adventskalender" ess bal fädich un et Anne pack alles zesamme. Em Stelle met nem schläächte Jewesse, weil et Kinderjadekind Laura allt widder ens ze koot jekummen ess.

Et wor janz nett, metjenomme hät et ävver nix Besonderes vun däm Nommedaach. It hät jo och derheim kein Probleme, doför schingks hann die andere jenohch. Beim Tschüss sage drucks dä Mann jet eröm, ov mer beim nöhkste Mol die Aanmeldung för die „Paartherapie" nit jet anonymer maache künnt. Schleeßlich hing der Zeddel allt wochelang för jederein ze lese am Schwatze Brett un hä wör beim Enkaufe allt dodrop aanjesproche woode, wie courageet dat wör, sich offe zo singe Iheprobleme zo bekenne.

En däm Augenbleck explodeet em Jeheensschaaf vum Anne en janze Ladung vun Jlöhlämpcher. It hatt dat Kleinjedröckte – wie allt off – widder ens nit jelese un sich bei ner „Paartherapie" aanjemeldt. Jott sei Dank hatten se it noch nit beim Enkaufe drop aanjesproche. Bestemmp hann die Lück jedaach, die ärm Frau, met drei Pänz, jetz muss die allein zor Paartherapie jonn, weil der Mann sich dröck. Widder typisch!

Et Anne fingk dat nohm Üvverläje mih wie löstich, jeit met nem Jriemele noh Huus, verzällt singem Mann jet vun dem halve Kalender un dat hä jetz met Käätcher för it draan wör.

Met däm wat jetz kütt, hät et Anne em Draum nit jerechent. Singe Max, singe Augestään, dä söns immer för ne Spass ze hann ess, ne Jemötsminsch durch un durch, ess mih wie stinksoor, hät Sorch, hä wöödt si Jeseech em Veedel verliere, zerrieß vör Woot die met Leev jebastelte Adventskäätcher, föhrt sich op wie ne rösije Stier un verlangk „Genugtuung" em Kinderjade.

Dem Anne fällt bloß en zo sage: „Wat soll ich dann maache, ne Zeddel aan et Schwatze Brett hange un schrieve: „Nehmen Sie zur Kenntnis, dass Herr und Frau Dingens keine Eheprobleme haben. Bitte abzeichnen! Ich künnt ävver och ne Kurs aanbeede: Kleingedrucktes richtig lesen trotz beginnender Alterssehschwäche, Fallbeispiele aus eigener Feldforschung am lebenden Objekt. Alternativ met nem Foljekurs „Kenne mer nit, bruche mer nit, fott domet!"

Üvvrijens, donoh die Chressdäch woren schön, natörlich ohne Partner-Adventskalender, dä lohch jo allt lang em Möll. Alles hät sing Zick.

# Hann die och nen Iheverdraach?

Et Lisbeth hät zwei herrlije Enkelcher, ne Poosch un e Weech. Dä kleine Poosch  ess fünf Johr alt, heiß Antun, un dat Weech ess nüng Johr un heiß Sophie. Un do et Lisbeth en jestande kölsche Jroß ess, röf it die Pänz, wie et sich jehööt, Tünnemann un Züffje, un die zwei laachen sich kapott üvver die löstije Name.

Wie dat bei Jeschwister ess, jitt et och he off Zänkerei. Dä Klein trick dabei mehschtens der Köthere, weil et Züffje, dat it die „jroße Schwester" ess, jewetz un peffich usnötz. Trotzdäm halden se wie Pech un Schwäfel zesamme.

De Adventszick hät aanjefange. Et Züffje weiß allt, dat et keine Nikolaus un kei Chresskind jitt, ävver et hät der Mamm en de Hand versproche, dat dem Tünnemann noch nit zo verrode. Dat kütt noch fröh jenohch. Un dat Jeimnisvolle em Advent kütt och beim Züffje jot aan.

Am Nikolausovend weed der Klein richtich iggelich. Jän wöödt hä der Hellije Mann ens treffe un jet met em verzälle, ävver dä hät dis Johr schingks kein Zick persönlich Tach ze sage, määt doför ävver de Stivvele huhvoll met Leckerjots.

No jo, ze dunn hät dä Hellije Mann verhaftich jenohch, villeich kütt hä nöhks Johr ens koot en et Wonnzemmer. Komisch, dat et Züffje för sing Jedanke bloß e wellmödich Jriemele üvvrich hät.

Der Nikolaus ess verjesse, jetz weed op et Chresskind jewadt. Bes dat Chresskind am Hellije Ovend alles parat hät, ess dat för Puute immer vill ze lang un se versöken sich die Zick irgendwie ze verdrieve. Allt jet länger setz der Tünnemann ärch nohdenklich op singer Fluhkess. Su deef en Jedanke kennt mer der Jung kaum. Op eimol lort hä et Züffje aan un säät: „Sin die zwei, der Nikolaus un et Chresskind, eijentlich verhierot? Hann die och nen Iheverdraach wie der Papp un de Mamm, dat hann ich ens irjendwann beim Luustere jehoot?

Künnen die sich em Himmel scheide loße? Ess allt jet komisch, denn zesamme kummen die jo nie op de Äd?"

Et Züffje, wat söns immer de Muul vörrenop hät, weiß verhaftich ens kein Antwoot.

Dodrüvver hann se nit em Kinderjade un nit en der Schull jesproche. Schingks, dat ess nit wichtich. Haupsaach mer kann sich dodrop verloße, dat se jedes Johr kumme un e paar Wünsch erfülle, un wat die zwei „privat" dunn, „Schwamm drüber".

# Weihnachtskrätzje

De Jroßfamillich kütt eraan
Met Auto, Fahrrad, Bus un Bahn.
Schadt, keiner hät hück avjesaat,
För uns Mamm en schläächte Kaat!
Et kleinste Woot määt sei nervös,
All stonn se ehr nor en de Föß,
Doch endlich sitz dann die Bajaasch
Om decken Aasch!

De Mamm hatt allt de janze Woch,
Aanjeschlepp un vörjekoch.
Hät opjepass, dat nix ze fett,
Söns löhch der Ühm ze fröh em Bett.
Un för die üvver fuffzehn Lück
Hät se jebrode e jroß Stöck
Fleisch vum Pääd, soor enjelaat,
Sich Möh jemaat.

Us dem Schaaf die ahl Rosinge
Aan de Zaus, öm die ze binge.
Der Verfall ess jrad vörbei:
Ehschter Määz Zweidausenddrei.
För die Tant, die op Diät,
Ess dat secher nit verkeht,
Doch weed et där dovun jet schlääch
Schabau om Wääch.

Rude Kappes, Semmelklös,
Jestuvte Murre, fresch Jemös,
Puutebruss, en Schal Kompott,
Kaum op dem Desch, ess alles fott.
Dat ess för uns Schrabb-Famillich,
Die met Schless kom, bal ze winnich.
Op dem Eßdesch nor Jewöhl,
Ne Haufe Spöl.

Wör der Daach doch endlich öm,
Denk de Mamm, ich jöv jet dröm.
Zwei Dach ben ich jetz am putze,
Dät et Leevs paar Trone futze.
Morje jitt et noh dem Fess
Vun dem Kning, wat üvvrich ess.
Stonn nöhkstes Johr, ich warn`üch vör
Vör örer Döör.

Famillich ze hann, dat ess en Jnad,
Doch kein ze hann, wör och nit schadt.

# Et jeit drop aan

# Ich maach …
# För de Chressdäch

Ich maach, wann et Düüster ess,
Krose en der Weihnachtskess.
Dräume, wie et fröher wor,
Un en Naach die stääneklor.

Ich maach Jlockeklang vun Fän.
Schnei un Ies un och ens Rän,
All dat maach ich,
Un janz doll üch.

Ich maach dä Döff vum Weihnachtsmaat.
Kuschteie op der Ovvensplaat.
Kugele us echtem Jlas,
Un vum Punsch en rude Nas.

Ich maach Kinderaugejlanz,
Ejal ov groß ov klein dä Panz.
All dat maach ich,
Un janz doll üch.

Ich maach Adventskranz-Kääzeleech.
Och der Jroß ehr leev Jeseech.
Plätzjer, die met Schukelad,
Un ne Zinter Klos em Staat.

Ich maach Spillzüch, handjemaat,
Un en Wollmötz för de Plaat.
All dat maach ich,
Un janz doll üch.

Ich maach us Marzepan e Hätz.
Appelsine, die em Netz.
E Klosett, wa'mer ens muss.
Pünklichkeit bei Bahn un Bus.

Ich maach Parkpläätz, die öm'söns,
Un en jot jebrode Flönz.
All dat maach ich,
Un janz doll üch.

Ich maach, wa'mer sich besennt,
Sich jet Zick zom Fiere nimmp.
Fründe, die mir niemols kott,
Engelcher met decker Fott

Ich maach Zick, die e Jeschenk.
Un jetz sagen ich am Engk,
All dat maach ich
Un janz doll üch!

# Ne fresche odder ne dude Chressbaum?

Et Lisbeth hät nor eine Wunsch:
Dis Johr, bevör et Chresskind lügg,
It mööch ens selvs, met vill Jeföhl
Ne Chressbaum schlage, dä kein Kröck.

Ne Dannebaum, dä jroß un staats,
Dä lang noch rüch noh Bösch,
Dä stolz aan Hellichovend dann
Stündt zwesche Flur un Köch.

Ens einer, dä kein Löhcher hät,
Dä kein zweite Spetz deit ziere,
Un dä am drette Daach nit allt
De Nodole wöödt verliere.

Doch bei singem Mann, dem Tünn,
Kütt it domet nit wick:
„Mer hann doch jedes Johr ne Baum,
Dä uns jefällt un rick."

Hä nöhm keinem Baum et Levve
Un säch dä av, wo dä Zohuus.
Dat wör för en su jot wie Mood,
Sing Siel heelt dat nit us.

Do künnt em keine Jlöhwing helfe,
Dä wärmb un löstich määt.
Hä blevv bei singem dude Baum,
Och dä hät singe Wäät.

Hä wöödt wie immer aan der Tankstell
Zom Chressbaum-Jüppche laufe,
Su zwesche Daach un Düüster dann
Em Neonleech dä kaufe.

Dat Leech, en däm de Auge dröppe,
Zeich deutlich, wo jet fählt.
Un die paar Löhcher, leever Jott,
Die sin doch nit de Welt.

Uswahl hät der Jupp jenohch,
Un die Bäum sin all dut.
Hä köm met singer Baummoral
Do kein Minutt en Nut.

Alsu käuf hä, wie och söns,
Em Neonleechterjlanz
Ne Dannebaum, dä jetz jeschmöck
Allt steit för Hungk un Panz

Un die Moral.....

Ne Dannebaum, ov krumm ov jrad,
Dat ess ne Chressbaum, su wie immer.
Mer muss sich bloß em Klore sin:
Verkeht, dat sin de Zemmer!

# Wo et qualmp si'mer richtich

Ich weiß jo nit, wie et üch jeit; Ich hann Dannedöff för mi Levve jän. Als Panz wor dat Knestere vun de Dannenodele op der Ovvensplaat, die de Mamm am Nommedaach noch met Stahlwoll un nem Lingelappe jewienert hatt, wie en himmlische Melodie. Un dä Jeroch! Aan dä kom noch nit ens der Sonndaachsbrode vun der Mamm eraan.

Minge Kusäng kritt zick neustem Zoständ, wann hä och nor jläuv, ne leichte Dannedöff zo ruche. No jo, e janz klei bessje kann ich en verstonn.

Et wor der veete Advent. Die jroße Pänz, selvs allt jestande Eldere, hatten Vatter un Mutter zom Dannebaum schlage en de Eifel enjelade. Un wä sök sich nit jän singe Baum do us, wo dä en freier Nator op sing Fäns wadt.

Allt ärch fröh am Morje jingk et loss. Hinger Bad Münstereifel kom der ehschte Schnei un et wood richtich winterlich. Eijentlich woss vun däm janze Schmölzje keiner su jenau, wo die Schonung wor. Ävver wie säät mer su schön: „Wo ein Wille ist, ist auch ein Weg", jenau! Irjendwann noh e paar hundert Meter laufe heeß et dann: „Wo et qualmp, do sidd ehr richtich!" E bessje komisch wor et der Famillich: Chressbäum wäde doch avjeschlage un nit avjebrannt?!

Se kome däm Qualm nöher. Jeschaff! Dat die Rauchwolke nit vun de Chressbäum kome, dät se beräuhije. Der Qualm kom us enem Kaventspott huhvoll met Jlöhwing. Et ehschte Jlas dät schmecke, et zweite noch besser un nohm drette sohchen all die Bäum wie Draumchressbäum us: Nit zo scheif, nit zo jrad, nit zo jroß, nit zo klein. Jede Baum jefeel. Jot flössich jestärk jingken se op Baumjaach. Drei komen en de engere Uswahl, dann woodt endlich einer dovun met Jenehmijung vum jesamte Famillijerot avjesäch un opjelade. Su ne fresche Baum hatten se noch nie!

Zohuus aanjekumme, et wor allt ärch düüster, heeß et: Wohin domet? Der Baum darf bes Hellichovend nit usdrüjje. Hä kom en de Räntonn.

Beim Ensetze dät et e bessje knestere, denn en janz dönn lesschich lohch wie ne Film dodrüvver. Su, bes Chressdaach wor dat Prachexemplar jetz jot ungerjebraht

Dann wor Hellichovend. Zick för der Chressbaum opzostelle un zo schmöcke. Immer die Aufjab vum Huushär. Hä schrett zor Tat.

Ävver, wie der Düvel et well un määt, der Chressbaum wor en der Räntonn fassjefrore. No jov et nor zwei Müjjelichkeite: Drusse dat les opdäue odder dreihundert Liter jefrore Wasser un Baum schleppe? Schleppe? Unmüjjelich! Alsu opdäue. Ävver wie?

Der Huushär hatt nen Enfall! Woför ha'mer dat klein elektrisch Övvje op der Läuv? Zom Opdäue!

Alsu woodt dat Övvje op Stufe drei op der Rand vun der Tonn jestallt. Jetz broht mer nor zo wade, bes sich dat les widder en Wasser verwandele dät. Die Zick kunnten se natörlich för wichtije Besorjunge nötze.

Beim Heimkumme am späde Nommedaach wor et allt düüster. Komisch, de Beleuchtung drusse wor noch jar nit aan. Wat wor dat dann, em janze Huus kei Leech? Irjendwie roch et jet verbrannt? Nit nor de Secherung vum Huushär dät erusspringe. De Haupsecherung vum Huus wor durch. Dat Övvje wor en et halv opjedüte Wasser jefalle, der Baum hatten de Flamme jefresse un de Fassad bes en der Jivvel drohch e Troorkleid. Ävver söns wor nix passeet.

Wat e Jlöck, dat et e Händi jitt. Flock et E-Werk aanjerofe. Die Nutbesetzung wor jrad am Frohlocke un dät verspreche, su schnell wie müjjelich vörbeizokumme. Et künnt ävver Morje wäde. En der Zweschezick mööten se improveseere. Wat deit mer zoehsch?

Strom vum Nohber – jeit nit, dä litt met der Fott em Sand op Malle. Kääze söke, finge, aanmaache. Holzkollejrill op der Terrass ungerm Sonneschirm en Jang bränge. Et Fondüfleisch op Zantstocher zorteere för die Open-Air-Veranstaltung. Mer nennt dat hück Fingerfoods.

Der Kämpingkocher met dem Ress Spiritus vum Sommer muss för der Jlöhwing draan jläuve. Klappdesch un Stöhl avwäsche un weihnachtlich parat maache. Der Adventskranz deit et met neu Kääze em Düüstere och noch. Decke Söck, Wintermantel un Händsche aantrecke. E fründlich Jeseech maache.

Janz flöck woodt alles avjearbeidt un dann soßen se en de decke Pluute jenöhchlich op der Terrass ungerm Sonneschirm un däten us vollem Hals Chressdaachsleeder singe. Av un aan woodt allt ens koot e Fastelovendsleed aanjestemp. Ävver ihrlich, nor janz koot. Nohm veete Jlöhwing hatten se bloß noch der Bleck för et Wesentliche: Et fünfte un sechste Jlas Jlöhwing.

Un en där weihnachtliche Fastelovendsstemmung dät se doch verhaftich et E-Werk störe.

Ävver dat wor doch klor, dat minge Kusäng die ehsch ens fottjescheck hät. Dä lieht sich doch su en fesslije Stemmung vun denne nit kapott maache.

# Schön wor dä Baum

Su schön, schön wor dä Baum.
Su schön, schön wor dä Baum.

Wat ha'mer ne dolle Baum.
Su schön, schön wor dä Baum.
E Jedeech, mer jläuvt et kaum.
Su schön, schön wor dä Baum.

Mannshuh, satt jrön,
Kei Lohch, nor schön,
För de Mamm ess dat ne Draum.
Su schön, schön wor dä Baum.

Der  Papp ess möd un stief,
En Fläsch Schabau em Liev,
Paar Kugele sin em Emmer,
Ne Kölnisch-Wasser-Döff
Durch't jode Zemmer krüff,
Do kütt de Jroß jo allt aan.

Su schön, schön strohlt dä Baum.
Su schön, schön strohlt dä Baum.

Stonn de Kääze och jet schräch,
Su schön, schön strohlt dä Baum.
Ess dat för et Leech nit schlääch,
Su schön, schön strohlt dä Baum.

Wat dat jot rüch,
De Äss sin drüch,
Schingks, do krüff e Flämmche huh,
Su schön, schön strohlt dä Baum.

Der  Papp ess möd un stief,
En Fläsch Schabau em Liev,
Paar Kugele sin em Emmer.
Em Häkel-Fessdaachsstaat
Sitz jetz de Jroß parat:
Wann fängk „Oh Tannenbaum" aan?

Nä, wat ha'mer för ne Jlanz.
Su schön, schön brennt dä Baum.
Jlich brennt de Jading och janz.
Su schön, schön brennt dä Baum.

Et Hätz weed wärm,
Mer sin nit ärm,
Jlich erstrohlt der janze Raum.

Su schön, schön brennt dä Baum.
Su schön, schön brennt dä Baum.

Der Papp ess widder fit,
Ov hä de Kihr noch kritt?
Der Jadeschlauch ess jet porös,
Vill Wasser wör nit schlääch
Do hät de Jroß ens Rääch,
Söns sin de Fessdäch allt vörbei...

# Hat Ehr e Zemmer frei?

Wie en jedem Johr woodt de sechste Klass aanjehalde, et Weihnachtskreppespill opzoföhre. Allt em November jingk et loss met der Proberei. Natörlich moote vörher noch all die Rolle verdeilt wäde, die zo su nem jroße Thiaterstöck jehoote.

Der Mattes, huh opjeschosse, ärch stell un ähns, woodt vun all dä Pänz tirek als Josef aanjenomme un och et Bärbelche met singe decke Zöpp un dä blau Kullerauge, hatten se als Maria flöck einstimmich akzepteet. Noh un noh woren dann och endlich all en der Klass vun de Engele üvver de Heete bes hin zo de Künninge op jroße ov kleine Rolle verdeilt. Bloß dä hatthätzije, jeizige Weet, dä die hellije Famillich en Ies un Schnei vun der Döör avwiese moot, wollt vun dä Pänz keiner spille.

Der Lehrer kom jet en Brass. Dat hatt et noch nie jejovve, dat mer ne Jung us ener ander Klass nemme moot. Ne jode Enfall, dä inne us de Bräng holf, kom vum Mattes „Josef": Singe kleine Broder, et Schängche, künnt doch die Roll, die nit vill zo bedüggen hatt, üvvernemme. Schleeßlich moot dä doch bloß em richtije Augenbleck eine Satz sage, nämlich: „Ich hann kei Zemmer frei!"

Dem Lehrer wor dat rääch un su kom der Klein janz stolz zo der ehschte Prob met. Hä wollt jän dä Weet spille. Hä hatt met Weetslück nor jot Erfahrunge jemaat.

Bei de Probe woren de Kulisse un die Herberch noch nit fädich un alles woodt eifach su op ener kahl Bühn enstudeet. Der Klein hatt domet kein Probleme. Immer jenau richtich beim avjesproche Stichwoot kom singe Satz: „Nä, ich hann kei Zemmer frei."

Op de letzte Minut woodt dann endlich dat Bühnebild fädich, un et wor doll. Die Herberch sohch us wie e janz fing klei Hüsje met gröne Lade un ener Latän us jäl un jrön klein Glasstöckelcher. Richtich jenöhchlich. Jenauesu sohchen die schnuckelije Blockhötte irjendwo en de Alpe us, wo de Famillich alle paar Jöhrcher ens em Winter e paar Dach Ferie maat. Et Schängche wor platt. Jetz kunnten se ehr Kreppespill – drei Opföhrunge woren jeplant –, och en enem schöne Ömfeld aan der Mann bränge. Flöck woodt im noch beijebraht, dat hä op e Kloppzeiche vum Josef aan der Döör die Finsterlade opmaache sollt öm dann singe Satz laut un deutlich zo sage.

Un dann kom se, die wichtije Stell em Kreppespill. Met janz schwer Schrett, et Bärbelche-Maria em Ärm, schlufften der Josef op die Herberch zo un frochten met möder Stemm: „Leeven Här Weet , hat Ehr för uns e Zemmer frei?" Wie us der Pistol jeschosse kom met fründlijer Stemm die Antwoot: „Jo, jän!"

Em Saal un hinger der Bühn wor et mucksmüsjestell. Dann hatt Mattes-Josef nen Enfall: „Ich jläuven Här Weet,  Ehr hat uns beloge!" Widder dat aläät Stemmche vum Schängche-Weet: „Nä, ich hann e Zemmer frei, Ehr hat doch bei mir jebuch!" Et Maria dät en si Sackdoch kriesche un der Josef jingk heroisch eifach wigger un leet Weet Weet sin.

Hinger der Bühn jov et ne ähnze Disköösch. Der Lehrer moot dat Schängche ehsch ens us dem Verkehr trecke. Op sing Froch, woröm hä sich nit aan die Avsproch jehalden hätt, saat dä Klein janz leis: „Der Josef hatt su en trorije Stemm, do kunnt ich eifach nit nä sage. Un üvverhaup, derheim maachen ming Eldere och jedem de Döör op un zor Nut ka'mer bei uns op der Luffmatratz schlofe. Ming Mamm hät mer beijebraht, zo alle Minsche fründlich zo sin."

Dat wor jetz jet kumplizeet för der Lehrer, ävver met janz vill Möh un Jedold kunnt hä et Schängche för de nöhkste Opföhrung ömstemme un dä versproch im met Handschlaach, ejal wie et bei im derheim wör, he bei singem avjesproche Satz zo blieve.

Die zweite Opföhrung wor jet janz Besonders. Us dem janze Veedel woren die Huhhäre, der Bürjermeister, der Baas vun der Feuerwehr, der Pulizeimeister un natörlich der Pastor unger de Jäss.

Et Maria wor jet am schwächele un dät dem Josef sage, noch ens su ne verkehte Satz un it wööd tirecktemang op der Bühn dut ömfalle. Unger däm Drock schlufften der Josef noch vill mih un jingk noch deefer jebeuch mem Maria op die Döör vun der Herberch zo.

Hä maat dat Kloppzeiche un saat singe Satz. Nix dät passeere. Widder woodt et em Saal stell wie en enem Jrav. Dreimol maat hä dat Zeiche, sproch singe Satz, ävver en der Herberch dät sich nix reppe un wäje. Aanjreff ess die beste Verteidigung! Us voller Bruss reef Mattes-Josef: „Ehr hatt secher kei Zemmer för uns frei?"Un dann hoot mer e janz piepsich Stemmche vun benne: „En dooooch, ävver ich darf dat nit sage!"

Irjendwann wor dann och die Opföhrung endlich am Engk. Bei der drette woodt der Weet usjetuusch un et Schängche kom als Engel met golde Flöjel en der Stall bei die Heete. Si Halleluja kunnt mer bes hingen en der kleinste Eck vum Saal höre. Et Schängche hatt endlich singe Plaaz jefunge.

## Widder kein Kleinichkeit

Och, mer hann jo allt Nommedaach, veer Uhr. Ich muss jet enjeschlofe sin. E Jlöck, dat mer hück der Hellije Ovend ens e bessje anders verplant hann. Ming Frau ess dis Johr et ehschte Mol met de Pänz un de Enkelcher zom Kreppespill en de Kirch. Dat Krippespill weed vun de Kinderjadepänz opjeführt.

Ich ben fruh, dat se mich nit zom Metjonn jedrängk hann. Ich weiß nit wieviel Kreppespillcher un Kinderchressmette ich vum ehschte Kinderjadedaach bes hin zor Pubertät vun minge eije Pänz, de Nohbersch- un de Patekinder besook hann. Loss dat hück ens de Oma maache, die hät e besser Standvermöje. Natörlich hatt ich mer en jot Entscholdijung usjedaach, ich hann jesaat, derwiel dat ehr all en de Kirch jort un üch e paar Stündcher met de Puute amüseet, dunn ich üch e janz besonders Fessmenü koche. Dat ess dann dat Chressdachsjeschenk för ming Frau. Do hät se winnichstens jet dervun, un se kann sich ens aan der jedeckten Desch setze. Mer schenken uns nämlich nix, un dat allt zick e paar Jöhrcher. Ich muss sage, eijentlich nix. Ävver jrad em letzte Johr jov dat fiesen Ärjer.

Wie jesaat, mer schenken uns nix, un, wann ich och söns nit jrad der Schnellste, Verlässlichste un Hellste ben, aan Avsproche dunn ich mich immer janz jenau halde.

Ävver ming Frau...!!!Widder, wie allt em Johr dovör, hatt se för mich e paar Kleinichkeite jekauf, un die ungerm Chressbaum su drapeet, dat keiner die üvversinn kunnt, och wa'mer sich noch esu vill Möh jejovven hädden. Mer moot quasi dodrüvver falle, wa'mer en et jode Zemmer jingk.

Ihrlich, Jeschmack hät ming Frau, se ess ärch jroßzöjich, määt jän nem andere Minsch en Freud un hät immer widder jesaat, dat se üvverhaup nit bedröv wör, dat ich nix för se hädden, Haupsaach, ich wöödt mich freue.

Un dat hann ich dann jedonn. Ävver nohm drette Päckelche jov et doch jet Stress för mich. Koot vörm kriesche, met nem Jeseech, wat besser op en Beerdijung statt op Hellichovend passen dät, un ner Stemm, die aan Unjlöck nit ze toppe wor, hät sei mer der Wurm jesänt un mich richtich klein jemaat, weil ich mich aan uns Avsproch jehalden hatt. Üvver e fresch Blömche hädden se sich allt jefreut un winnichstens jemerk, dat ich se noch jän hädden. Wie mer et määt, määt mer et verkeht.

Eijentlich sin Fraulück jo Engelcher, ävver wann de Flöjele jet jeknick sin, künnen se och op nem Bessem fleje! Un „vergeben und vergessen"! Nix do! Dat krijjen ich jetz jedes Johr unger de Nas jerivve, un doröm hann ich mer hück jet enfalle loße: Ich koche hück ens dat Hellichovend-Fessmenü!

Dat weed minge Augestään vum Sockel haue!

Un wat jitt et: Äädäppelschlot met Wööschjer! Pass immer.

# En jode Jans vum Jertrudehoff

Et jitt Minsche, die trecken et Unjlöck aan. Et Kolvenbachs Jertrud ess su nen ärmen Höösch, weil it partu nit nä sage kann. Wann ich nor aan singe letzte Hellije Ovend denke, dat wor villeich e Aapethiater!

Et Jertrud föhrt de Kass bei nem kleine Fastelovendsverein un si Altarjeschenk, der Antun, ess do der Präsidöres met nem janz bekloppte Vörstand aan singer Sick, die all, wie hä, ne Ratsch em Kappes hann.

Zick Johre waadt et Jertrud drop, dat die Mömmesdriher un Schrubbsüffer – su hät it der Vörstand em Jeheime jedäuf – ens üvver Naach jet aan Intellenz jewenne, weil keiner vun denne de hellste Kääz om Koche ess. Bes hück ess dat ävver nit passeet, em Jäjendeil; der Matthes, der 1. Vörsetzende, dat schlabberije Halvjehang, ess un bliev karrich. Dä Lingedänzer vun Senatspräsidöres, der Drickes, jläuv, hä wör der Adonis vum Verein un dem Danzmarie Isolde läuf de Schönheit jedes Johr jet länger hingerherr, kritt et Isolde ävver nit en. Dat et stabil jebaut ess, määt nix. Et flüch nor em Kettekaressellche jet wigger erus.

Et janze Johr üvver määt et Jertrud de Kass, orjaniseet de Häreovende, de Tuure, de Setzunge, evvens alles, wat em Verein aanfällt un keine andere Doof maache well. E Jlöck, dat et aan de Chressdäch nor för sing eije Verwandtschaff sorje muss.

Jo un letz Johr hatt et Jlöck, de Famillich kunnt wäje Maläzichkeite wie Strohle kotze un Döpp drieße jar nit kumme. Herrlich! Ävver et Jertrud hatt sich zo fröh jefreut. Singem Antun feel op eimol en, se künnten doch ens der Vörstand op et Fessmenü aan Hellichovend enlade. Die wören doch immer su nett, su ihrlich un su jroßzöjich. Dem Jertrud schlohch der Plaggen en. Allt widder it, die widderlije Arschkrüffer künnten jo och ens enlade! Ävver nä!

No weed jo hückzedachs ne Buhei öm et Koche jemaat, dä nit ze toppe ess. Et Jertrud kom en Raasch. Allt bei der Enladung woodt dat Jesocks unverschämp. „Mer kummen jän, ävver nor, wann do ‚Produkte aus der heimischen Region' nimms!" Su ähnlich wie dat Rindvieh vun nevvenaan odder die ahl Sau vum Nohber.

Un wat kom bei der janze Frogerei erus: Nix vum Ferke, nix vun der Koh, nix vum Schöfje, nix vum Hammel, ovschuns dat et Bess jepass hädden, keine Fesch, kei Jeflöjel, kein Eier. Kom natörlich die Frohch op, wat brängk mer dann üvverhaup noch op der Desch?, leddije Teller met Metz un Jaffel för ze trommele? Odder e Kölsch 6-Jang-Menü för die Suffköpp: en Brotwoosch un fünf Kölsch? Dat all ohne Laktose, Gluten, Fruktose. Et Isolde, die blööd Kump, hät dozo noch en Histaminintoleranz. Dat Alt muss immer noch eine drop setze. Et Jertrud wor am üvverkoche. Dann soll die janze Bajaasch doch bei der „Seidenbacher" jonn un sich met Müsli voll stoppe!

Un wat all passeere künnt, wann it sich nit aan die Wünsch halden dät, dann künnt der Matthes Jöck am Jaume krijje. Jöck am Jaume? Wo der Matthes wal üvverall Jaume hät! Et Isolde künnt Koppping en singem klitzekleine linke Jeheenslappe krijje un der Drickes der flöcke Maachvörran. Dat woren himmlische Ussechte för et Jertrud un jetz hatt et richtich Loss, för die Aapejeseechter ze koche.

Et hatt sich vill Möh jejovve, Kochböhcher jewälz un stundt bedröppelt vör der Uswahl: Osttasmanische Flohchentebruss em Brikettmantel odder Sojabunnezupp met en Treibsand paneeter Babyananas?

Do feel im op eimal jet en: Ich maachen en Tofuweihnachtsjans, schleeßlich jitt et jo jeräucherte Tofu. Dä hät et dann jekauf, wie ne Künsler dat Jematsche modeleet bes dä Tofuhaufe ussohch wie en jode Jans vum Jertrudehoff. Die „Tofujans" woodt jewööz un kom en der Backovve. Janz flöck sohch die us wie ne decke fette brunge Päädsköttel. Der Antun, der Schäf vun der Köch, hät dann met der Jeflöjelschier dat Dier bearbeidt un wor verbasert, dat dat su jeschmeidich un ohne Knoche wor.

Nohdäm sich die Bajaasch üvver de Porzijune herjemaat hatt, hann se dat Jesellschaffspill: „Wer weiß denn sowas?" jespillt.

För e Beispill, hatt ehr jewoss, dat et op de Kanarische Insele nit eine Kanarievurrel jitt? Dat jliche jilt üvvrijens och för die Jungfraueninsel – do jitt et och kein Kanarievüjjel.

Et Danzmarieche Isolde määt bei sujet immer op ärch jebildt, weil sing Mamm 5 Johr em Hansa-Jymnasium de Finstere jeputz hät. Der Matthes woodt noh der ehschte Fläsch Asbach nohdenklich un frohchten: „Saat ens, wo ess dat Ross hück bloß entsprunge?", un der Drickes hatt Probleme met singe 3. Zäng, laat die eifach en de Krepp, domet et Jesuskind och jet käue künnt un dät op singer Kinderblockfleut „Oh stille mich du Fröhliche" falsch blose. Der Antun schnappten sich et letzte Tofustöck un reziteete dä jrad selvs jeknuvte lyrische Tex: Wä uns jetraut, vör däm mer jraut.

Dat et Jertrud dodrüvver noh all singer Arbeit nit mih laache kunnt, ka'mer jot verstonn. It saat bloß „Antun, et jitt Minsche die künne „Nebenwirkunge" losstredde wie Hätzkloppe, Koppping un mäncheiner Brechreiz. Antun, do jehöörs zo mäncheiner."

Un met nem Jriemele stallt it ne Teller met selvs jebackenem Spretzjebäck met Laktose, Gluten un Fruktose op der Desch. Ens lore, wann der Jaume vum Matthes aanfängk ze jöcke.

# Der ehschte Fierdaach

Am ehschte Fierdaach bei der Mamm
Mer Puute sin zo Jass.
Allt zick Johrzehnte jeit dat Spill,
Der Mamm määt dat vill Spass.

Voll Vörfreud steit se aan der Döör,
Em neue Fessdaachsstaat.
Der Desch jedeck, de Kääze aan.
Hät op uns Pänz jewadt.

Laut singe ess jetz aanjesaat,
De Mamm deit drop bestonn.
En jedem Johr en jot halv Stund,
Ehsch dann kann't wiggerjonn.

Wann och de Melodie jet schräch,
Jlich ha'mer't hinger uns.
Beim letzte Leed „rieselt der Schnei",
De Mamm jläuv, dat wör Kuns.

Dat wor der letzte Fessjesang,
Mer Pänz sin jetz esu wick.
Bloß sage mööt mer et der Mamm.
E janz Johr ha'mer Zick.

Em nöhkste Johr, am ehschte Daach,
Mer singe, dat ess klor.
De Mamm, die soll ehr Leedcher hann,
Su wie et immer wor.

# Iesblome

Iesblome
Wie e Spetzedeckche jeklöppelt
För dich op de Rutte jemolt
Su wie fröher
Do loors durch et Finster
Sühs dat Kind em Stall
Noch esu klein,
Ävver mer säät, et weiß allt su vill
De Jlocke lügge zor Chressnaach
Doch dinge Bleck fingk keine Halt
Ne Schmätz us ner Zick die verjange
Krüff wie en Schlang en deer huh
Määt dich bang
Do föhls dich allein

Iesblome
Wie e Spetzedeckche jeklöppelt
För dich op de Rutte jemolt
Su wie fröher
Do sühs dat Jeseech vun däm Klein
Sing Auge halden dinge Bleck fass
Se strohle vun Leev un Levvensfreud
Em Zemmer weed et op eimol hell
De Jlocke lügge zor Chressnaach
Et weed deer wärm öm et Hätz
Do deis dinge Mantel aan
Määs dich op der Wääch
Do bess nit allein
Dat Kind wadt op dich

# Mer sollt jet mih schrieve

Leev Chresskind,

mer hann hück der 27. Dezember. Die janze buckelige Verwandtschaff hät sich, wie de Mamm zom Papa janz leis jesaat hät, (ävver ich hann et doch jehoot) bei uns aan alle Fierdäch jot durchjefresse un jetz weed opjerümp.

Bevör ich methelfe muss, dunn ich dir janz flöck jet schrieve. Ich hann dat Jeföhl, irjendjet hät met unserer, wie säät mer, „Kommunikation" nit richtich jeflupp, ovschuns ich dir tirek am ehschte Dezember ne besonders fründlije Bref jeschrieven hann. Ich hatt mer ihrlich janz vill Möh jejovve un noch Klöckelcher, Stääncher, Chressbäum un Kugele als Dekorazijun zwesche ming klein Wünsch jemolt.

Jewünsch hatt ich mer e Fahrrad, en elektrische Ieserbahn, e Skateboard, e neu Händi un en Johreskaat för nohm FC. Wie allt jesaat, alles klein Wünsch.

Et janze Johr hatt ich op dä Wunschzeddel hin vörjearbeidt. Ich hatt mer en der Schull öntlich Möh jejovve, us allem et Bess ze maache un ne jode Schüler ze sin. Ich jläuven, et jov en der Schull un en mingem Fründeskreis kei Kind, wat esu fründlich un nett wie ich zo singe Eldere, Jeschwister un üvverhaupt zo alle fremde Lück wor. Ich hann mich bal aan Fründlichkeit üvverschlage.

Ußerdäm hann ich jedem jeholfe, och wann dä partu nit woll. Der ahl Frau Hückelhoven hann ich, wann ich sei jesinn hann, de Ädäppel en de Köch jedrage, jot, eijentlich sollten die en der Keller, ävver dat wor mer ze wick. Unsem Nohber, däm nevvenaan de Karaasch jehööt, hann ich immer de Karaaschepooz zojemaat. Dat hä eimol noch dren wor, kunnt ich jo nit wesse. Sing Frau hatt noh e paar Stündcher en Vermesstenaanzeich opjejovve. E bessje Schwund ess immer. Ävver mer kann nit fründlich jenohch sin.

Un jetz, janz ihrlich, wat häss do dir dobei jedaach, mer en Blockfleut, e Paar decke Söck, e Köln-Puzzle un bloß e Skateboard unger der Baum ze läje? Kunns do nit lese? Do hann ich mer et janze Johr der Aasch opjeresse un dann dat!!

Nevvenaan der widderlije Käwin met der Zantklammer, dä mir immer de Zung erusstreck, dä kunnt sing Jeschenke kaum drage. No jo, et woren zwei jrößere Kartongs, ok bloß zwei, ävver die woren jroß, un ich, ich kann däm jetz jet blose.

Sage mer ens esu, leev Chresskind, mir zwei müssen bes nöhks Johr noch jet dodraan arbeide. Villeich finge mer en Lüsung: Ich wünschen mer jet winnijer un do tricks beim Lese vun mingem Wunschzeddel ens dingen Brell aan.

Üvvrijens, vun der Mamm hann ich jehoot, Klosettpapeer, Nudele un Mähl, bruch se sich nit mih ze wünsche, ha'mer noch jenohch, ävver de Mamm wünsch sich wie jedes Johr e deck Konto un en schlanke Fijor, un bess esu jot, do solls dat endlich ens nit verwähßele.

Su, jetz häss do jo Zick, dir jet ze üvverläje un, bitte, nöhks Johr schecks do die Jeschenke tirek aan mich un nit aan ming Eldere, ich hann su e komisch Jeföhl, dat die dat Händi för sich behalde hann.

Dat wor et, mer blieven en Kuntak, jetz muss ich der Mamm helfe, et jeit allt widder loss met minger Fründlichkeit!

# Vum Levve un Sterve

# Mänchmol

**Vers 1**
Mänchmol ess et Levve nit, wie mer et denk,
Mänchmol ess ne kleine Jroß allt e Jeschenk,
Mänchmol sin de Wolke en uns jrau,
Mänchmol kenne mer uns selver nit jenau,
Mänchmol denke mer, et ess alles Dress,
Mänchmol söke mer, wat su aan uns friss.
Doch dann tredde mer uns öntlich en de Fott
Un sin donoh dann widder bovvenop.

**Refrain:**
Ejal wat kütt, mer maachen jetz Kultor.
Mer Ahle sin noch immer en der Spor.
Wä nix määt, dä rostet, kritt Verdroß,
Doch packe mer hück alles widder us.

**Vers 2**
Janz vill hät sich allt verändert en der Zick,
Doch met Kühm un Kriesche kumme mer nit wick .
Mer maachen uns de Wolke widder blau.
Villeich wäde mer endlich all ens schlau.
Mer hann Freud, dat ehr stoht hück parat,
Nit verjessen hat, wodrüvver mer jeschwadt.
Sin uns Falde och bal su wie e Plissee
Met nem Püngel Freud, do sto'mer widder he.

**Refrain:**
Ejal wat kütt, mer maachen jetz Kultor.
Mer Ahle sin noch immer en der Spor.
Wä nix määt, dä rostet, kritt Verdroß,
Doch packe mer hück alles widder us.

# Mer kann sich fies verdunn!

Et ess allt spät. Der Manes sitz em Büro un en singem Jeheensschaaf tirvele de Jedanke hin un herr.

Su kann et nit wigger jonn. Jetz hät hä die Fründin allt zick üvver zwei Johr un sing Frau, et Finche, denk immer noch, et wör bei enne alles em Lut. Lang kann hä dat falsche Spill nit mih durchhalde. Mer muss sich ens enscheide, ens Näl met Köpp maache. Söns hät hä doch Mot! Bloß allein bei däm Jedanke, dem Finche die Saach en et Jeseech zo sage, fällt em et Hätz en de Botz. Hätt hä sich fröher üvverläje müsse. Et Finche hät su e verloge Levve noh all dä Johre nit verdeent. Wie weed et dat opnemme? Tobe? Brölle? Kriesche? Schänge? En Ohnmaach falle, met Posteling noh em wirfe odder en aanbeddele, doch bei em ze blieve, wat hä op keine Fall maachen dät. Egal wat kütt, hück muss et sin. Met schwer Schrett jeit hä us dem Büro, setz sich en si Auto un fäht noh Huus.

Wie aan jedem Ovend brennt em Wonnzemmer et Leech, der Desch ess för et Ovendesse jedeck un durch de Rutte süht der Manes si Finche en der Köch hanteere. Allt üvver zwanzich Johr sin se verhierot, hann ne jot jerode Jung un kein Sorje odder Maläzichkeite. Ka'mer su e schön Zosammelevve met e paar Sätz avhoke, kapott maache? Hä nimmp singe janze Mot zesamme, vill ess et nit, un steit met nem fründlije „joden Ovend" en der Döör.

„Et Esse ess jlich fädich, setz dich allt ens aan der Desch", röf et Finche us der Köch.

Met deckem Hals jeit hä en et Wonnzemmer un setz sich op et Kanapee. Verbasert lort et Finche der Manes aan. Irjendwie süht dä hück ärch bedröv un blass us der Wäsch. Hä hät wall widder ze vill jearbeidt.

„Leevje, komm, setz dich ens jet bei mich. Ich muss met der spreche", hööt et Finche singe Manes fispele.Wat maach hä hann? Hätzlich nimmp der Manes et Finche en der Ärm, hält sing Häng fass, lort em en de Auge un säät: „Ich weiß, ich dunn der jetz ärch wih. Do wees secher hingernoh nor noch kriesche un schänge un mich en de Höll wünsche, ävver ich kann nit anders. Do kanns mich och nit met dinger Angs un dingem Leid halde. Ich hann zick zwei Johr en Fründin. Ich verloßen dich."

Mer künnt en Stechnodel falle höre. Hä sitz do wie en Stein jehaue op dem Kanapee un wadt op der ehschte Bröll vum Finche. Dät dat doch endlich passeere, dann wöss hä, wo hä draan wör. Woröm flejen nit alle Tasse durch de Bud? Ihrlich, et wöödt em jefalle, wann et Finche beddelen dät, sich doch alles noch ens zo üvverläje. Dat all muss et doch wie mem Hammer jetroffe hann!

Janz räuhich lort et Finche der Manes aan. „Wie flöck kanns do packe? Do kanns tirek jonn, mich stört dat nit. Meins do ihrlich, ich hädden nix vun dingem Fisternöll jewoss? Üvvrijens, ich hann zick üvver einem Johr och ne Fründ. Wat do kanns, kann ich allt lang. Un jetz künne mer esse. Et ess alles jesaat!"

Su hatt hä sich dat nit vörjestallt. Wödich steit hä op un läuf wie nen hattdressijen Hungk hin un herr. Ohne sich ze schamme säät em et Finche rack en et Jeseech, dat et ne Fründ hät. Bes en et Mark jetroffe un zeduds beleidich stolzeet der Manes us dem Zemmer. – Die Tilefonnummer vum Nutaaz kann hä zerrieße, et Finche bruch keine Dokter, ävver hoffentlich kütt hä ohne Hölp parat. Dat hädden hä singem „Heimche am Herd" nit zojetraut. Bei im ess dat schleeßlich jet anders, Männer bruchen dat evvens. Doch wann hä ihrlich ess, deit im si Hätz verdammp wih. Wat hät hä sich do fies verdonn.

# E Passwoot för et Levve

Em Supermaat hück nor ein Kass,
Die Schlang dovör ärch lang.
Mer kütt koot op der letzte Stipp
Un stellt sich hingen aan,
Wadt jedöldich, bes mer draan ess,
Flöck alles op et Band jestopp,
Do kütt en Stemm, wie us dem All:
Kass Eins määt zo, Kass Fünf määt op!
Jetz weed die ahl Frau Schmitz
Zom jeölte Bletz

Et Auto spring eifach nit aan
Jrad wa'mer't ielich hät.
Bus un Bahn sin jetz jefrohch,
Kritt mer dat op de Kett?
Et ränt vum Himmel dat et sief,
Em Bus nit ens ne Plaatz mih frei ,
Mer hoff, mer kritt donoh de Bahn,
Doch die fährt jrad aan dir vörbei.
Bloß ein Sekund zo spät
Flöcker wör't mem Pääd.

Et beste „Passwoot" för et Levve ess „Humor",
Jitt et och ens Däch, die laufen us der Spor.
Laach der Ärjer fott, jevv däm kein Schangks,
En Krankheit wör vill schlemmer,
Der nöhkse Daach weed besser, su wie immer!

# De Rentnerkaat

Wie domols et Eva, dat herrliche Weech,
Dä verboddene Appel kräht zo Jeseech,
Un met Schless dä Boskopp, dä jrad fresch vum Baum,
Jejessen hät, do wor us dä Draum
Vun iwijer Jugend un iwijem Levve.
Jetz muss jeder vun uns ens der Löffel avjevve,
Jetz wäde mer all klapprich un jrau.
Doch irjendeiner wor irjendwann schlau.
Off kütt de Freud op en janz ander Aat:
Denn op eimol jov et: de Rentnerkaat.

Die Kaat, die kritt jeder, do si'mer all jlich,
Off do deck bess off dünn, off ärm odder rich.
Do nötz keine Klüngel un och kei Krösje,
Mer kritt wie die andere jet en et Blösje.
Nor wa'mer jet kritt, dann weiß mer jenau:
Jetz bess do och alt, et weed langksam mau.
He, Kopp huh, do bess doch immer noch fesch.
De Haupsaach, do häss di Kaat en der Täsch.
Läch e bessje Mäkap op, belor dich em Spejel,
Su flöck tricks do nit en ding faldije Sejel.

Su en Renterkaat, die brängk off jet Jlöck,
Jrad wa'mer noch fit ess em drette Plöck.
Triff mer sich jän, met Minsche om Maat,
Drink en Tass Kaffe, hält ene Schwad.
De Verwandtschaff sollt mer sich jet zorteere,
Doch se künne jän kumme öm ens ze fiere.
Nor bei Hexeschoss, Rheuma un Jich,
Do wör mer leever jet länger för sich,
Un hilf sich met Klosterfrau, ehr kennt all dat Nönnche,
E Vüjjelche dovun, dann schingk widder et Sönnche.

Mer kann als Rentner jo billich levve.
Off bruch mer kei Ründche mih zo jevve.
Steit mer aan der Thek zo de richtije Zigge,
Kütt allt ens en Kölsch-Spend, mer kann dich jot ligge!
Mänchmol dozo ne Schabau un jet Flönz,
Su ess dat em Veedel, dat all ömesöns.
Un och bei der KVB av nüng Uhr
Bess do met der Rentnerkaat en der Spor.
Bei su mänchem Entrett halt se parat,
Die Kaat, met där mer aan Nüsele spart.

Un määt et Hätz noch ens ne Sprung:
Mer verlieb sich un föhlt sich dobei herrlich jung,
Off Mann odder Frau, bruchs dich nit zo scheneere,
E kösslich Jeschenk, loss et eifach passeere.
Mer steit zwor nit mih en voller Praach,
Doch jet ess noch do, jrad hück am Daach,
Dann lort mer, wat de Zick met sich brängk.
Un jitt et villeich doch kei Häppi-Engk,
Weil die neu Leevje putz heimlich de Plaat;
Dat, wat deer bliev ess: de Rentnerkaat!

# Nor sibbe Dach

Ihrlich, et ess ärch schön, wa'mer op Veranstaltunge enjelade weed, för de kölsche Sproch de Lück ens jet nöher zo bränge.

Jrad hinger Kölle, nit en Reechtung Düsseldorf, nä, mih su en der Nöh vum Sibbejebirch, hööt mer besonders jän die Sproch, die uns Kölsche usmäät.

Wie usjerechent die Bestatter des Kreisverbandes Rhein-Sieg op mich jekumme sin, weiß ich nit. E bessje Sorch määt mer die Aanfrohch natörlich. Nit dat die neu Kundschaff söke. Hoffentlich sinn ich nit esu hinfällich us, dat die denke, ich künnt en der nöhkste Zick der Löffel avjevve. Ich föhlen mich em Momang eijentlich richtich jot!

Ävver, neujeerich, wie ich vun Nator us jestreck ben, nemmen ich die Enladung aan un maachen mich op de Söck noh Oberdollendorf zor Haupversammlung un zom Dämmerschoppe met mir als Üvverraschung för die Jäss. Dat Schmölzje, wat op mich wadt, hät jet. Bestatter hann ich mer immer alt, jrau un met jröner Jeseechsfärv vörjestallt, ävver die Lück, die he Spass aan der kölsche Sproch hann, sin en der Haupsaach jung, Minsche esu öm de dressich , villeich e paar Jöhrcher drüvver. Nor die Huhhäre sin dem Verfallsdatum allt jet nöher.

Et ess jo en Haupversammlung un et weed ehsch ens all dat besproche, wat et aan Neuerunge su öm de Dudelad jitt. Jetz weiß ich och, dat ich, wann ich dut ben, nit länger wie sibbe Dach erömlijjen darf, op les versteit sich. Dat deit mich jet beräuhije. Jot, eine Daach künnt mer noch fusche, ävver su sibbe Dach janz allein sin ihrlich jenohch. Schleeßlich mööch mer doch, och wa'mer dut ess, wesse, wohin die letzte Reis jeit.

Dat Bestatter ne Berof ess wie Schlachtes, Bäcker ov Möler weed mer he klor. För die Lück ess et Sterve jet, womet se jeden Daach zo dunn hann. Eijentlich ess dat sujar ne Berof, dä immer mih jefrohch weed, ohne dat die Lück allt dut sin.

Et ess hückzedachs kein Seldenheit, dat älder Minsche allt ehr Beerdijung met allem Dröm un Draan vörher met däm „Bestatter ihres Vertrauens" avspreche un alles allt bezahle. Dobei lossen se sich richtich berode, wie wann se sich e neu Kleidche ov nen Aanzoch, nit jrad vun der Stang kaufe welle.

Dat mööt mer enfalle, den „Bestatter meines Vertrauens" alle paar Mond op en Tass Kaffe zo besöke, domet ich en persönlije Beziehung zo minger Kess krijje. Alsu ich kann mich noch nit domet aanfründe, mer ming Dudelad, minge Naakspunjel ov mi Kleid för die Reis noh bovven odder ungen jetz allt uszosöke. Un wat för nen Hot ich dann aantrecke mööch, weiß ich och noch nit. Kütt janz op de Johrszick aan. Wie se mich am Engk noch zom „Tag des offenen Sarges" enlade, halden ich mich jet zoröck un vertrüüste die Dudeladspezis op de nöhkste Johre.

Noch kummen ich ohne den „Bestatter meines Vertauens" us, ävver wann ming Zick jekummen ess un ich hingerher nit mih su staats un nett ussinn, hann se mer all en de Hand versproche, mich widder jot zorääch zo knuve. Natörlich mööt ich mich noh mingem Dud fröh jenohch melde. Do künnen se och för mich kein Usnahm maache, aan die sibbe Dach muss ich mich halde.

## Dä ess dut

Zwesche de Fierdäch ess et bei mer Usus, dat e paar vun der Famillich odder vun de Fründe, die mer nit jesinn hät, am drette Fierdaach aanrofe.

Hück wor der ehschte Aanrofer minge Kusäng un mer hann pingelich jenau die Däch vum Opstelle vum Chressbaum bes ovends zor letzte Spölmaschin am zweite Fierdaach alles avjearbeidt: Wä ze Jass wor, wat se jekoch hatte, wat et för Jeschenke jejovven hatt, off jet Neus en der Famillich aanstundt un off se sich zom Engk vum Daach, wie et mänchmol passeet, wa'mer stundelang zesamme hock, jezänk hatte.

Stoff jov et jenohch un der letzte Satz ess jedem vun uns bekannt: Su ne schöne Baum wie dis Johr hatte mer noch nie!

Domet mer nit alles dubbelt verzälle moot, hatt minge Kusäng et Tilefon op „laut" jestallt" un sing Frau kunnt tirek methöre. E paar Minutte jingk dä Verzäll hin un herr, op eimol kom die Stemm vum Ilse wie us dem All:

„Jupp, häss do dem Elfi dat vum Nettekoven allt verzallt?" No muss mer wesse, dat der Nettekoven der Schwijjervatter vum Son ess, alsu Famillich, un ich dä jrad e paar Woche vörherr jetroffe hatt. „Nä, hann ich noch nit", kom die Antwoot vun mingem Kusäng. Donoh widder die Stemm janz koot us dem All: „Dä ess dut!" Dä! Dat kölsche Feinjeföhl ess nix för en zaate Siel. E bessje moot ich doch schlecke. „Wie ess hä dann jestorve? Wor hä krank?" „Krank jo, ävver su krank no och nit. Doch hä hatt ne schöne Dud. Ovends wor hä noch mem Marlene, singer Frau, en der Malzmüll en Kölle e lecker Hämmche esse. Schingks, dat hät hä nit jot verdrage. Villeich hatt hä e Völlejeföhl, ne Drock om Hätz, Fett ess nit unbeding jesund. Hä ess em Sessel stonnsfoß enjeschlofe. Ich hann jo jesaat, ne schöne Dud."

Mer hann dann noch e bessje, wie mer dat esu määt, üvver dä Nettekoven verzallt, wie de Famillich et opjenommen hatt, off sing Frau, et Marlene och Hölp vun de Pänz hät un wie et wigger jeit. Av un aan kom jet Wihmoot op, wat mer doch för schön Zigge zesamme erlääv hatt un mer widder ens sinn künnt, wie flöck alles am Engk ess. Ich woll jrad tschüss sage, do saat minge Kusäng: „Un, weiß do, wat jetz och noch passeet? Jetz kütt der Nettekoven met dem fettije Hämmche en de Kess!"

Wat singen de Bläck Fööss ...Hämmche, för e Hämmche loß ich alles stonn... Met däm Hämmche wöödt ich bes... jo bes en der Himmel jonn... dat singk jetz der Nettekoven.

Mer wünschen, dat et flupp.

# Un jetz noch et Parterr

Der Hennes ess ne Jode. Un met „Jode" meinen ich, hä ess ne jode Architek, dä versök, die Wünsch vun singer Kundschaff beim Plane för e neu Huus, bei der Usföhrung un vör allem bei de Nüsele immer em Auch ze behalde.

Hä hät jän met Minsche ze dunn un dat ein ov andere, wat im mänchmol dobei noch esu enfällt, och wann et aan Arbeitszick bovvendrop kütt, määt hä för ömesöns. Schleeßlich mööch hä selvs met singer Arbeit zefridde sin. Mer kann der Hennes för alles froge, en Lüsung jitt et immer.

Su kütt et, dat allt ens ne Kunde, dä e ahl Huus verkaufe mööch, der Hennes öm Rot fröhch. Op si Ordeil ka'mer sich blingk verloße. Wann hä säät dat ess jot, dann ess et jot, wann hä säät dat ess schlääch, dann ess et och schlääch.

Hück steit widder ens su en Huusbesichtijung aan. Allt zick e paar Woche steit der Termin fass. Der Krämers Heinz, singe Kunde, mööch e Huus verkaufe un jenau wesse, wat hä et Bess vörherr noch all renoveere sollt, domet donoh de Nüsele stemme. Vör ner Woch hann se noch dodrüvver jesproche un am Treffe hück fassjehalde.

Pünklich öm 11 Uhr steit der Hennes bei Krämers vör der Döör. Dat Huus süht us wie en klein ahl Villa met jroßem Jrundstöck drömeröm. Noh der Bejrößung fangen se bovvenhuh op der ehschte Etaasch mem Beloore aan.

Et sin drei schön Zemmere, e klei schmal Flürche un e leich antiqueet Badezemmer. Wie jesaat, dat nit jrad om neuste Stand, ävver alles süht öntlich us, nix ess verwonnt. Die Holztrapp en et Daachjeschoss hät kaum Kratzer un dat klei Kabüffje met jroße Finstere bes en der Jivvel ess bestemmp jet för jung Lück.

Vun der ehschte Etaasch jeit et tirek en der Keller, die schönste Zemmere em Parterr dunn se sich för et Engk ophevve.

Der Keller ess öntlich usstaffeet met Heizung- un Vörrotsraum, Wäschköch un nem kleine Jästeklosett. Dat ka'mer immer jot jebruche, wann et bovven ens eng weed.

Un jetz jonn se en et Parterr. De Köch un et Wonn- un Esszemmer ess ne wunderbare jroße, luftije Raum met nem jot verlaate Parkettboddem met Bleck op en klein Parkanlaach met bungkte Blomerabatte un nem Feschdeich. Ohne vill ze verzälle hann der Hennes un der Krämers Heinz die Besichtijung bes jetz jemaat. Besproche weed alles suwiesu späder.

Em Wonnzemmer steit en einer Eck en jroße elejante Wonnlandschaff, su nennt mer jo hück die Sofas, die einer bal erschlage, un op der „Landschaff" litt janz stell en älder Frau, nett aanjetrocke.

Dem Hennes singe Bleck fällt op die ahl Lady un do säät der Krämers Heinz: „Hör ens Hennes, dunn esu, als löhch do keiner. Dat ess ming Mamm, die ess för e paar Stund jestorve un ich wade op der Kuckelkorn. Dä woll allt lang he sin."

Dem Hennes brich der Schweiß us un et weed im jet plümerant öm de Nas. Hä hät noch nie ne Dude jesinn. Dä Krämers Heinz hät wirklich Nerve wie e Drohtseil. Hä weiß nit, ov hä us der Botz springe odder sich ne Schabau besorge soll. Die Mamm kann jo nit doför, ävver dem bekloppten Heinz jingk hä et Leevs aan de Jurjel. Wat hät dä Kääl dann för en „Wertschätzung" för sing Mamm? Unmüjjelich!

Ävver eins weiß hä jetz allt janz jenau, op sing Huusbewertung weed dä ehsch ens öntlich wade, nä, nit bloß wade, och öntlich doför bleche müsse! Un donoh well hä nix mih met em zo dunn hann su noh däm Motto: Un jetz beeden ich dir et Tschüss aan un jo'mer bloß us de Föß!

# Do häss dich op der Wäässch jemaat

Janz leich wie e Fedderche bess do jejange,
Ävver mer künnen dich noch sinn.

Mer wesse nit, wohin dinge Wääch dich föhrt,
Ävver mer künnen dich noch sinn.

Di Ziel ess do, wo et keine Horizont jitt,
Ävver mer künnen dich immer noch sinn.

Ohne der Boddem ze beröhre, deis do schwevve,
Ävver mer künnen dich noch sinn.

Der Avstand zwesche dir un uns weed jrößer,
Ävver mer künnen dich noch sinn.

Mer klimme zosamme janz huh op der Birch,
Öm dich nit us de Auge zo verliere, su lang et jeit.
Noch künne mer dich sinn.

Do, dinge letzte Bleck zoröck zeich uns ding Strohle,
Do häss et jeschaff, jlich küss do aan.
Jetz künne mer dich nit mih sinn.

Doch wa'mer all uns Trone verjosse hann,
Un en Zick verjangen ess,
Dann, jo dann sinn mer us widder!

# Hat Ehr et Billa jesinn?

Et wor en de Lockdauns en de letzte Monde off för jederein ärch einsam un bedröv. Kein Famillich, die einem söns noh e paar Stund op der Senkel jingk, kein Fründe, die mem Pittermännche för der Döör stundte, mer hät keine jetroffe, dä mer ens en der Ärm nemme kunnt, mer dorf dat jo nit. För uns Kölsche, die luuter jän met Minsche ze dunn hann un dat zeije, en hade Zick.

Jot dat mer bal all die modän Medie hann. Mer kunnt „normal" aanrofe odder om Händi, mer kunnt aanmaile, aanäppe un üvver die Äpp met Beld tilefoneere, mer kunnt Videos opnemme un sich zo Leif-Schtriems zoschalde, öm av un aan e bessje Kultor ze sinn. Doll!

Wat mich ävver esu metjenommen hät woren die Bejrävnisse. Mer hann en der Pandemie-Zick e paar Fründe un Bekannte verlore, un die Bejrävnisse, je noh Lockdaunstand, woren klein, trorich, einsam, met e paar Lückcher vun der Famillich, die mer bal aan einer Hand avzälle kunnt. Alles ohne jede Müjjelichkeit vun Wärme. Mänchmol stundt odder soß der odder die Betroffene janz allein en der Troorhall odder am Jrav un zwei Meter wigger der nöhkste. Kein Hand off keine Ärm, dä trüüste dorf en der Nöh.

Ävver et ess wie et ess, mer jewennt sich aan alles. En Zick lang jeit et donoh jot, un mer denk nit mih drüvver noh, hoff, dat mer lans Schmitz Backes ess, weil mer selvs un et Ömfeld mettlerwiel zweimol jeimpf un jeboostert ess un der Kopp widder freier. Su jingk et och dem Billa Schmitz vun nevvenaan. Et wor jeimpf, zofridde, jot drop, ävver singe Mann, der Karl, nit. Dat hatt nix met der Pandemie zo dunn, denn jeimpf wor hä och. Doch hä wor allt zick Monde ärch aanfällich, hinfällich, et sohch nit jot us. Öm et koot ze maache: Hä kom en et Spidol un maat do noh e paar Dach de Auge zo. Ne Daach vörm Bejrävnis woodt et Billa bei all singem Kummer selvs maläzich met nem öntlije Hoste un Schnuppe un ... trotz singem Impfschotz, et hatt sich verhaftich dat widderlije Virus enjefange, zwor nit schlemm, moot ävver en Karantäne un dorf singem Hätzblättche op singem letzte Wääch nit zor Sick stonn. Dat Drama hät et stell för sich behalde, woll keinem unnüdich Sorje maache, doch wie et benne ussüht...dä Sproch ess jo bekannt.

Die Troorjäss, die en der Troorhall soße odder drusse em Rän stundte, lorten sich jet scheneerlich öm, wie der Pastur met salvungsvolle Wööt üvver et Levve vum Schmitze Karl sproch un dobei et Billa met Koppnicke persönlich aansprechen dät. Nor, keiner hatt et Billa bes jetz jesinn. Mer hoot se ungerenein hinger de Häng fispele: „Hatt Ehr et Billa jesinn?" Zor ander Sick: „Hatt Ehr et Billa jesinn?" Keiner woss jet. Wor dat Billa villeich en Ohnmaach jefalle, vum Stohl jerötsch odder hatt et sich en ner Eck verstoche? Immer widder woodt et vum Pastur beim Bedde un Singe enbetrocke, ävver it wor nirjends.

No ess dat jo för ne Pastur nix Unjewöhnlijes, met einem ze spreche, dä söns keiner sinn kann. Dat ess dä „Heimvorteil", dä hä üvverall hät, ävver he woodt de Jemeinde langksam jet iggelich. Wat irjendeinem op eimol en et Auch feel, wor die klein Äujelskess off wor et ne kleine Komputer vörre nevven dem Pastur, un do kom die Erleuchtung: Et Billa Schmitz wor em Leif-Schtriem met dobei, un kunnt su vun singem Karl winnichstens Avschied nemme un im en jode Reis noh bovven wünsche.

Dat Wunder vun der Technik määt alles müjjelich un en Antenn, quasi bes vör de Himmelsdöör, die Standleitung, hät ne Pastur suwiesu. Der Karl ess bestemmp jot aanjekumme.

# Wie süht nen Engel us?

Engel hann e jlöcksillich Jeseech,
Ömhöllt vun Jlanz us luuter Leech.
Engel hann Flöjel met Blattjold betrocke
Un herrlije, sigge Himmelslocke.

Engel dragen e lang wieß Jewand,
Drop jletzert us Jold e Stääneband.
Engel dunn janz jlockehell singe
Un immer de richtije Harfetön finge.

Engel, die bruch mer en singem Levve,
Se dunn off jrad dä Minsche jet jevve,
Denne et fählt aan Arbeit un Jeld.
Ärm Lück jitt et noch jenohch op der Welt.

Engel, die röf mer, mänchmol zom Truus,
Wa`mer allein ess, kei Minsch mih em Huus.
Un wann do nit weiß, wie et wigger soll jonn,
Frohch dinge Engel, dann wees d`et verstonn.

Engel, die halden des Ovends de Waach,
Halden ehr Hand üvver uns jeden Daach.
Wie se ussinn, dat steit en nem hellije Bohch.
Bes hück wor dat för mich och jenohch.

Doch müssen Engel schön sing un fing,
Met jlasklorer Stemm un nem Hellijesching?
Künnten se nit och hässlich un klein odder alt sin,
Un wie meer ens allein?

Dragen die üvverhaup e wieß Jewand?
Un hann se wie Minsche en Arbeitshand?
Och Singe un Harfespill wör nit richtich,
Denn eigentlich ess dat nit esu wichtich.

Nen Engel künnt och der ahle Mann sin,
Trotz Ping ess hä fründlich. Hör bloß ens hin!
Odder dä Klein, dä em Rollstohl, hä laach voller Pläseer,
Us Freud am Levve, jän deilt hä met deer.

Villeich wonnt nen Engel met deer Döör aan Döör.
Mer kann et nit wesse, doch stell deer ens vör,
Dat die Häng, die dich dröcke un deer jevven Halt,
Nem Engel jehöre en Minschejestalt.

# Versproche

Mer ess nit egal, wie schlääch et dir jeit
Un wie do küss üvver de Rund.
Ich sinn doch, dat dich vill dröck un bewääch,
Doch do küss do allein ohne Hölp niemols durch.

Ich hann dir nit versproche, alles weed jot,
Wat aan Sorje do drähs jeden Daach.
Doch versprechen dir, wann do et och mööchs,
Do kämpfs nit allein, ich kämpfe met dir.

Mer ess nit ejal, wie schlääch et dir jeit.
Vertrau drop, do häss noch vill Kraff,
Villeicht fingks do dann die Antwoot en dir.
Jede Minsch hät sing Fähler, och do, jläuv et mir.

Ich hann dir nit versproche, alles weed jot.
Doch ding Verjangenheit määt mer nix us.
Ich ben dä, der en ding Verjangenheit lort,
Un ich lesen dodren zosamme met dir.

Mer ess nit ejal, wie schlääch et dir jeit.
Nemm dir vör: ich kann un ich well.
Et Levve weed mänchmol allt stell fröh am Daach,
Bevör neu Dörre sich opdunn, villeich üvver Naach.

Ich hann dir nit versproche, alles weed jot.
Wä zo flöck jo säät häld selde si Woot.
Doch ich ben dä, der en ding Verjangenheit lort,
Un de Zokunf schriev' ich av hück met dir.

# Noch ens de Jüngste

Secherlich sagen ich üch nix Neus, wann ich jet üvver Ping aan de Knoche verzälle. Ich jläuven sujar, dat jeder, der die majische Jrenz sibbzich, he denken ich aan  et Levvensalder, jepack hät, et Knacke em Knochejerämsch immer öfter laut un deutlich hööt. Höre wör jo noch jot, ävver meschtens kütt noh un noh öntlich jet aan Ping dobei.

No well ich nit kühme. Der Sproch: „Wä jesund stirv ess och dut!" hilf einem bei dä Saach nit jrad vill wigger.  Alsu leever e paar Maläzichkeite, doför e länger Levve. Auge zo un durch dä janze Schlamassel.

Wa'mer jet aan de Knoche hät, ess dat keine Aanjreff op et Levve, ävver wa'mer sich nit ens mih böcke kann, kaum noch e Ründche öm der Block nohm Sonndaachskaffe müjjelich ess un et Trappesteije zor Qual weed, muss mer aan en Operazijun denke, die helfe sollt. Kütt noch die Frohch op: Ess et et Knee odder de Höff?

Bei mir wor et de Höff. Kein Sorch, minge Krankheitsverlauf well ich nit verzälle, interesseeet och keiner, nor esu vill,  janz eifach wor die Saach nit, wie mer mih Ömfeld eijentlich verzallt hatt. Bei e paar vun dä neue Höff-Kandidate jingk dat met der Erholung – su woodt mer jesaat – öntlich flöck, dat die, e bessje üvverdrivve, e paar Woche späder allt widder der Mount Everest erklemme kunnte.

Ich kunnt e paar Woche noh der Operazijun fass nix. Dress am Schohn! Et jov e paar klitzeklein Ressbaustelle bei mir, die bal üvver e janz Johr bes hück immer noch nit janz behovve  sin.

En der letzte Woch wor ich widder ens beim „Orthopäde meines Vertrauens". Hä hatt en der Zick noh minger Operazijun un Kur öntlich op mich opjepass, immer widder versook, die Orsaach för ming Ping ze finge, un noh ener Häd vun Lymphdrainagen un Physiotherapie jingk et mir noh un noh jet besser, janz fott jeit die Ping schingks nit mih. Ich hann jelihrt, domet zefridde zo sin, et jitt Schlemmeres!

Wie jesaat, letzte Woch wor ich widder ens en der Praxis. Ming neu Höff woll mer noch ens zor Kuntroll röntsche, op dat Ersatzdeil immer noch aan singer richtije Plaatz setz. Et wor ne Nommedaachstermin un noh jot zwei Stund kunnt ich en et Besprechungszemmer. Minge Dokter wor met dem Röntschebeld un mir zefridde, noch ens 6 x Physio woodt verschrevve un donoh sollt ich ens zwei Monde bes zom nöhkste Termin bei im wade un avwade, off die Ping en där Zick jet winnijer wöödt.

Beim Tschüss sage dät hä jet jriemele un saat: „Frau Steickmann, Sie sind heute meine jüngste Patientin. Die Patienten vor ihnen waren 97, 93, 89, 85 und 82 Jahre alt. Sie sind mit ihren 75 Jahren die Jüngste!"

Et hät mich natörlich jefreut, en mingem Alder noch ens irjendwo, ußer em Senijoreheim, de Jüngste ze sin, un et zeich mer, dat mer verhaftich all länger levve un bei faachlich joder Versorjung un Ungerstötzung su flöck nit der Löffel avjevve müsse. Selvs Antikcher hann, wie mer süht, en jode Schangks. Alsu met knackendem Jebünn en de nöhkste Levvens-rund!!!

# Dat määt mer doch met links

# Beim ehschte Mol deit et ärch wih

**Vers 1**
Am Sambsdaach, wann et Wedder schläāch ess,
Derheim nix, wat zom knuve lock,
Dann jeis do en der Baumaat.
Doför häss do richtich Bock,
Un do sühs
Färve, Kachele un Holz.
Di Hätz, dat määt ne Sprung.
Neu Dübbele en Mass,
Och linke Häng määt kloppe Spass.

**Refrain:**
Beim ehschte Mol deit et ärch wih,
Beim zweite Mol ess et em Kopp
Un jetz pass mer mih op,
Wohin mer klopp.

**Vers 2**
Ess die neue Wand noch nit janz jrad,
Dat ka'mer doch ens üvversinn.
Die Färv och noch jet jrell,
Lila moot sin.
Dat Beld vum Dom määt alles jot,
Dat hängen ich jetz op,
Bei dä Wäng bruchen ich Kraff,
Hoff', ich rötschen hück nit av.

**Refrain:**
Beim ehschte Mol deit et ärch wih,
Beim zweite Mol weiß et der Kopp,
Un jetz pass mer mih op,
Wohin mer klopp.

**Bridge:**
Alles fädich,
Et hät jot jeflupp.
För hück maachen ich Schluss.
Wat ich nit alles kann,
Stonn wie immer minge Mann!

**Refrain:**
Beim ehschte Mol deit et ärch wih,
Beim zweite Mol weiß et der Kopp,
Un jetz pass mer mih op,
Wohin mer klopp.

# Besser lore, wo mer klopp!

Die modän Technik hät jo jet. Jrad för Künsler, die sich jän präsenteere, ess su ne Facebook-Optrett odder en Internet-Sick, die mer met Infos usschmöcke kann, en jode Werbung.

Der Pitter woll sing Fans ens widder met nem neue kleine Video-Filmche üvverrasche. Sing Dohchter, die met der hüggije Technik prima parat kom, hatt sich Zick jenomme un jetz stundten se zesamme em Hoff vum Huus un woren am üvverläje, wo die beste Plaaz för sujet wör.

Medden em Hoff stundt ne kleine ahle Desch un dohinger ne ahle Plüschsessel. Die Antikcher zesamme däte passe. Der Pitter stallt sich hinger der Desch, sohch dat öntlich Stöbb dodrop lohch un maat vörherr noch e bessje Huusarbeit. Wie dat Kääls esu dunn, dät hä met de Maue vum Pullover dä Stöbb avwäsche un, domet dä Knüsel janz fott wor, noch ens die Deschplaat jot un hatt rundseröm avkloppe, fädich. Jenöhchlich satz hä sich en dat plüschije Möbelemang för't  Filmche parat.

En däm Momang, wo hä sich jesatz hatt, kom ne Bröll vun singer Dohchter: „Papp, do muss jetz janz janz vörsichtich opstonn, ävver nit vill bewäje!" Su flöck hatt der Pitter dat nit op der Kett, un wat wor dann üvverhaup passeet? Dat spörten hä e paar Sekunde späder. Ungerm Desch wor e deck Wespeness un met singer Klopperei hatt hä sich nit jrad Fründe bei däm Wespeschmölzje jemaat. Wöödisch un opjeräch hatten die zom Kampf jeblose un der Pitter stundt op eimol en ner Wolk vun Wespe. Hä kunnt nor noch singer Dohchter zorofe: „Schlaach drop, ejal wo se sin!"

Dat Engk vum Leed, der Pitter hatt der Rögge met sibbe Stech – sieben auf einen Streich – schwer verschengeleet. Sing Frau kom tirek met der Nutfallhölp, nem opjeschnedde Öllich un dät die Stech domet enrieve. Villeich wöödt et helfe.

Am nöhkste Morje sohch der Rögge vum Pitter schlemm us. Die Stech hatten sich all enzündt, un et woodt ne Jangk bei der Dokter nüdich. Em

Wartezemmer wor aan däm Daach vill loss un der Här Dokter nit flöck ze spreche, ävver die jung Doktersch, die met en der Praxis wirken dät, stundt jrad vörre am Empfang.

„Lassen Sie mich schon mal drüberschauen...", em offe Aazzemmer krempelten der Pitter si Baselümche en de Hüh un dann hoot hä vun der Frau Dokter üvverrasch, besorch, och jet ängslich e laut „Och"! Jetz woren der Pitter un singe Astralköper zor Besichtijung freijejovve. Die ehschte Sprechstundehölp woodt eren jerofe: „Frau Sounso, schauen Sie sich das mal an"! Widder dat üvverraschte „Och"! Dann kam die nöhkste Hölp met „Och" un en jung Mamm met Kind lorten öm et Eck un fuschten sich met der Aansaach: „Lassen Sie doch das Kind mal nach vorne, das will auch was sehen!" en dat Jrüppche. Endlich kom der Dokter selvs, un, wat hoot mer, e bejeistert „Och, nä sujet, dat süht mer nit alle Dach!!!" Die sibbe Wespestech hatten sich zo nem Verbund zesamme jeschlosse un dä knatschrut enzündte jroße Fleck sohch ärch jefährlich us.

Der Pitter woodt wie en ahl Mumie enjesalv, verbunge un met nem Antibiotikum heim jescheck met dem Verspreche, wann et nit besser wöödt, tirek en et Spidol ze jonn. Met sujet wör net ze spaße.

Doch jewiev, wie der Pitter ess, hatt hä sich vun singem Dokter e Händifoto vun däm janze Spill om Rögge maache loße un dat Kreppche met Beld e paar Dach späder op Facebook jepostet.

Wat soll ich üch sage, hä hatt am ehschte Daach allt mih „Follower" wie uns Kölner Oberbürjermeisterin mem 9,00 Euro-Ticket. Social Media... dat hät hä evvens drop.

# De Vörfreud ess et Bess

Et Marie-Luise un der Hermann-Jürjen sin allt en Häd Johre en Rente. Et jeit denne zwei jot, ävver se dunn et Alder öntlich spöre, weil, och wann et einem jot jeit, dä Zeijer aan der Uhr läuf un et Knochejerämsch nit mih alles metmäät. Et jitt evvens immer mih Saache, wie för e Beispill et Arbeide em Jade, wat se nit mih ohne Ping em Rögge un en de Bein maache künne.

Der Hermann-Jürjen hät de mehschte Moläste, un jetz muss et Marie-Luise zo allem, wat en nem Huushalt aanfällt, och noch der Rase mihe. Natörlich ess dat met nem elektrische Rasemiher normalerwies kei Problem, wie jesaat: normalerwies, nor, et Marie-Luise hät zwei linke Häng. It kann eifach met dem Dinge, met der lang Schnor, die sich immer widder verdriht un jenau do litt, wo it jrad der Rase zwesche hät, nit jot ömjonn.

Dat Engk vum Leed: alle naslang Kabelschnett un der Hermann-Jürjen kritt en Aap.

Mettlerwiel sin die zwei sich einich, et muss en Lüsung herr. Mer jitt su vill Nüsele för Unnüdijes us un spart am falsche Engk. Bes jetz hann se för e neu Jeröt noch nit jroß Jeld usjevve müsse. Schleeßlich nötzen se noch dat Antikche us der Ervmass vum Jroßvatter.

Doch am nöhkste Daach jonn se tirek loss. Et weed e janz doll, huhmodän High-Teck-Jeröt met allem dröm un draan jekauf, natörlich ohne Schnor, met Akkus un dozu noch esu e Dinge, met däm mer jot Kante schnigge kann. Alles nor vum Feinste.

Nohdäm se aan der Kass dat janze Spill bezahlt hann, stellen se jet verbasert fass, dat met däm Bezahle de janze Rent vum Marie-Luise durch der Kamin ess. Ejal, Haupsaach et weed leichter. De Vörfreud dodrop ess et Bess.

Am Ovend dunn se noch flöck die Akkus oplade, domet morjens alles för ne neue Start em Jade parat ess. Der neue Turbo-Rasemiher ess met e paar Handjreff, he un do müsse Schruve nohjetrocke wäde, fit för sing ehschte Arbeitsstell.

Am nöhkste Morje jeit leider jar nix loss, dat blöde Dinge springk eifach nit aan. Der Hermann-Jürjen trick aan jedem Hökche, deit jedes Knöppche dröcke un jede Hebel weed bearbeit. Nix! De High-Teck-Maschin hät kein Loss.

Zesamme pözen se dat schwere Deil en der Hoff, dä bal wie e Wonnzemmer met Teppichboddem un dörem Perser fing usstaffeet ess. He setzen se besonders jän em Sommer, wann et drusse ränt, ungerm Jlasdaach. Die neu Maschin weed op der Teppichboddem jestallt un die Zwei maachen et sich op der Trapp jenöhchlich. Der Hermann-Jürjen üvvernimmp widder et Rejalt, klapp de „Bedienungsanleitung" op, deit noch ens alles jenau durchlese, un av jetz hööt et Marie-Luise nor noch op si Kummando.

Dä...op eimol springk der Rasemiher aan, ess nit mih zo halde un hät em Rubbedikabas pingelich akkerat e jroß Lohch en der jode Perser un der Teppichboddem jemiht.

Noh der ehschte Schrecksekund jitt et Marie-Luise si „Statement" av: „Dä Teppochboddem hät mer noch nie jefalle, un allt jar nit dat ahle persische Motteläppche." Jroß ärjere dunn se sich nit, ävver se sin neujereech, wat dat Dinge öm de Kante ze schnigge als Üvverraschung em Akku hät.

Wat soll ich üch sage, och der döre „Kantenschneider" deit et nit. Weil die zwei us Schade klohch jewoode sin, dunn se zwor die „Bedienungsanleitung" noch ens jenaustens durchlese, ävver för Experimente am „lebenden Opjekt" hann se kein Kuraasch mih. Dat Dinge jenomme, enjepack un av nohm Baumaat, öm do e bessje Stemmung zo maache.

Et durt, bes se ne zoständije Faachverkäufer finge, dä sich nit flöck jenohch durch de Kood jemaat hät. Noh e paar Minutte ess der Faachmann, der sich dat „Prunkstöck" vun alle Sigge aanlort un en jeheime

Verbindung dozo opjenommen hät, der Meinung, dat der Akku en Odenung ess. Der Hermann-Jürjen, vum Rasemiher jeschädich, säät nor eine Satz: „Dann dröcken Se ens op der jröne Knopp, wann Se meine, der Akku wör jot."

Hä wor et nit. O-Ton vum Faachmann: „Dat hatte mer noch nie"! „Komisch, meer och nit", säuselt et Marie-Luisje. Koot un jot, se krijjen ne neue Akku un der kapoddene weed wie vun Jeisterhand en nem andere „Kantenschneiderpaket" widder op der Verkaufsstand jelaat un wadt drop, dat der nöhkste Doof drop erenfällt. Wie allt bovven jesaat: De Vörfreud ess un bliev et Bess.

## Ming Jall jingk üvver

Ich kunnt esse wat ich woll,
Et woodt mer immer schlääch.
Ich kunnt drinke wat ich woll,
Dat jliche Spill, der falsche Wääch.

Met jot Botter am Jemös,
Kom ich kei bessje op de Föß.
En Oliveöl jeschwenk,
Wor janz verkeht, nor Ping am Engk.

Schmand aan der Zaus, nit ens ne Haufe,
Donoh kunnt ich nohm Höfje laufe.
Mem Sahnehäubche op der Zupp,
Hät die Saach noch mih jeflupp.

Wann et e bessje jot dät schmecke,
Dät sich ming Jall de Fingere lecke.
Ich kann üch sage, nix för ze freue,
Wa'mer nit weiß: Darf mer dat käue?

Dozo dann noch dä Püngel Ping,
Dat wor nit unbeding et ming.
Irjendwann hatt ich jenohch.
Ehr wesst, us Schade weed mer klohch.

Hann op de Zäng, die neu un dör,
Jebesse, wäßelten de Klör:
Us blaß woodt rut, us Scheß woodt Kraff,
Ih dich ding Jall noch wigger schaff,

Wees do et Bess dat Dinge loss.
Zeichs däm, wat he de Botter koss!
Jeis en't Spidol, un dat janz flöck –
Jesaat, jedonn, jeschaff met Jlöck.

Un de Moral, he koot un jot –

Haupsaach ess, de Därm sin top,
De Jall weed besser usjestopp.

# Technik hät jet Mystisches

Et wor ne schöne, leich sonnije Fröhlingssonndaach. Vill ze schadt, dä widder Derheim vör der Äujelskess bei langwielije Kochschaus odder Quiz-Sendunge zo verbränge.

Wie söns en et Jröne ze fahre, dozo hatten die Hückelhovens kein Loss, ävver mer künnten doch – su daach der Hückelhoven –, jo, mer künnten doch ens widder noh Bad Münstereifel fahre, wo der Heino ze Huus ess un en lecker Tass Kaffe em Kurhuus drinke.

Jesaat, jedonn. Die Fahrerei wor jo hückzedachs mem Navi kei Problem. Alsu dat technische Wunderdinge aanjemaat un zack, do hooten die Hückelhovens allt die fründlije Stemm vum Chantelle, Erika, Jakelin odder Siri froge, wohin et jonn sollt. Laut un deutlich jov der Hückelhoven Antwoot: Bad Münstereifel, Zentrum!

En Sekund späder die Antwoot: Münster – Route wird berechnet! Nix Münster, der Hückelhoven kräht nen decken Hals. Flöck op Abbroch jedröck un widder laut un deutlich neu dropjesproche: Bad Münstereifel, Zentrum!

En Sekund späder, wie allt vörherr, die Antwoot: Münster – Route wird berechnet! Langksam woodt et dem Hückelhoven wärm. Wiesu Münster, hatt et Chantelle-Jakelin-Siri jet op de Ohre!

Alsu noch ens op Abbroch jedröck un noch ens neu laut un deutlich dem jecke Siri dropjesproche, jetz met ner klein Änderung, nit Bad Münstereifel doför nor: Münstereifel! Promp kom die Antwoot vum Chantalle-Siri: Bad Münstereifel, Seniorenzentrum Otterbach, Route wird berechnet.

Wie vum Bömmel behaue soßen die Hückelhovens met opjestipper Muul em Auto: Seniorenzentrum Otterbach. Woren die sprechende Wiever jetz all beklopp? De Technik hät jo mänchmol jet Mystisches.

Woher woss dat Siri-Chantalle-Schierv, dat se allebeids allt lang en Rente wore un et Knochejerämsch sich off aanföhlen dät wie bal hundert. Hatt dat Rüffje mem Dateschotz nix ze dunn un, ohne dat se et bemerk hatte, Fotos jemaat, die maloteblonde Köpp jesinn un woll se – weil se alt ussohche – noh Huus en et „Heim"schecke?

Ävver nit met de Hückelhovens. Dann evvens hück keine Heino, kei Otterbach, kei Stück Koche em Kurhuus, doför, wie söns och, am Aachener Weiher jet de Ente fördere, schleeßlich hann se do zom Enteschmölzje meddlerwiel en persönliche Beziehung opjebaut ... un, se spare noch Sprit!

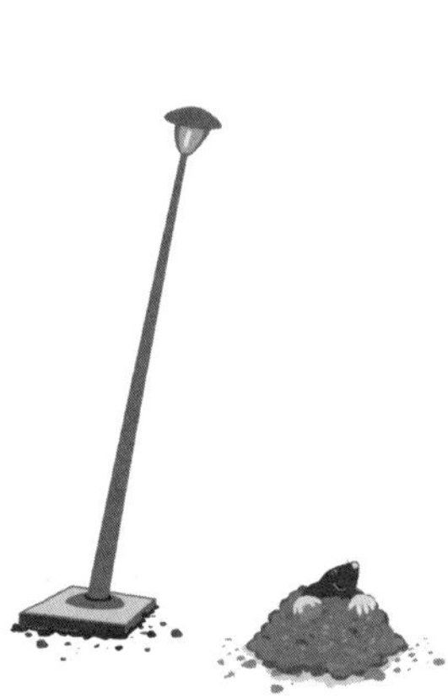

# Ben Mämmestipper vun Berof

Ben Mämmestipper vun Berof.
Künnt sin, mäncheiner fingk dat doof.
Doch för mich brängk dat Freude pur,
Dröm bruchen ich niemols en Kur.
Wat söns nor hängk, stötzen ich av,
Et Matr'ijal steit off em Saff.
Un halden ich de Mämmcher huh,
Dann sin die fruh.

Mich jitt et en vill Varijante:
Us Baumwoll met jesteppte Kante,
Doch och us Spetz en zaater Klör,
Bei de Käls brennt dann et Föör,
Us Nylon, Streck un Polyester,
Jot, die us Streck die sin jet „fester".
E jot Jeföhl för jede Hand,
Dat ess bekannt.

Mänchmol ben ich klein un zaat,
Dat ess bei Fraulück, die apaat.
Mänchmol kann ich mich nit ligge,
Weil et drängk noh alle Sigge.
Mänchmol häut mich die Jröße öm
Met däm „Jenohch" wat drömeröm.
Doch krijjen ich et en der Jreff,
Mem letzte Schleff.

Ärch off, do ben ich baas erstaunt,
Wie sich mänch Frauminsch hät verbaut.
Nator ess nit mih, wat mer süht,
Se sin jeföllt wie'n Wundertüt.
Met aachzich Johr noch Körvje aach,
Wä hät dat vun der Tant jedaach!
Ich jünne jedem, wat hä hät,
Bloß kei Brett.

Jän jonn ich eimol en der Woch
En de Wäschbütt, die jestoch,
Dobei dunn ich mich koot jet räste,
Ben widder staats för all die Feste,
Weich un fresch, och minge Döff
Dä durch et Wäscheschaaf dann krüff,
Am Morje lijjen ich parat,
Die Mämm, die wadt.

Su jeit dat, bess et Körvje alt,
De Mämme-Praach bruch nit mih Halt,
Dann kumm' ich en de Lappekess,
Wo do allt bess!

# Ming Maue, ding Maue, sing Maue, uns Maue!

Wat för Johre! Wat woodt nit all dodrüvver jeschrevve. Wat ha'mmer en der Äujelskess jeden Daach un en jedem Projramm, mehschtens drei bes sechs Mol hingernein, jesinn un jehoot. Immer mih neue un ahle Spezijaliste, Viruloge, Pulitiker kome ze Woot, hann off et Jliche verzallt un uns de Statistik erop un eraf öm de Ohre jeknallt.

Nohm ehschte Lockdaun kom e bessje Erleichterung op un dann, jo un dann kom der zweite Lockdaun. Ich weiß nit, wo die Redakzijune vun der Äujelskess un vun de Zeidunge immer neue intellente Fraulück un Käls finge, die versöhke, die schläächte Zahle, die dat Virusjesocks su met sich brängk, usenein ze posamenteere odder en Huhrechnung ze maache, wann, wie, wo un öm wievill de Zahle noch steije.

Mer müssen all met däm, wat em Augenbleck esu mangks ess, parat kumme. Jeder hät jeliert domet ömzejonn. Ävver et jitt „ein Licht am Ende des Tunnels"! Wie off hann ich dä Satz en de letzte Däch jrad vun de Pulitiker jehoot, die sich am Weihnachtsovend en der Äujelskess de Klink, nä der Beldschirm en de Hand jejovven hann. Ävver, dat Leech ess wirklich do: der neue Impfstoff!

Av dem 27. Dezember 2020 weed op der ganze Welt jeimpf. Natörlich ka'mer dat nit selvs bestemme wann un wo, do muss mer wade, bes mer draan ess. Wie et och richtich ess, se fange bei der Risikojrupp: ahl Lück aan. Un wat soll ich üch sage, am Ovend en der Äujelskess jingk et loss. All die ehschte Pazijente en de Krankehüüser un Senjoreresidenze woodten met der Kamera fassjehalde. En alle Projramme woodt jetz, ohne Röcksech op irjend e „Feinjeföhl" un ohne Ungerbrechung, die Impfspretz bes zom Aanschlaach en dä mih odder winnijer decke, off jet wabbelije, schrumpelije „Oberarm", alsu die Mau, su wie ich die och hann, erenjerammp. Jot, et wor allt ens dat ein off andere dönne „Mäuche" dobei, bei däm mer Nut hatt, die erenjerammpe Spretz köm aan der andere Sick widder erus, ävver dat wor en Usnahm. Bes jetz kannt ich nor Hembsmaue un Puffmaue, jetz kennen ich och Spretzmaue. Donoh woodt dann der Pazijent, mehschtens woren et allerdings Pazijentinne, jefrohch: Hat es weh getan? Mir woodt et vun Fäns allt plümerant. Su en blöd Frohch, wie kann su ei klei Spretzje bes zom Aanschlaach em Ärm üvverhaup wih dunn?

Ich hann mer dann e ander Programm usjesook, weil ich die Maue un die Jeseechter vun der janze Schwadron vun Dokterch, Pulitiker un Fläjer nit mih sinn woll...doch do woren se jrad en Spanie die Risikopazijente am maltreteere, un su jingk et en jedem jedröckte Projramm wigger. Immer Schwadrone, Maue un Spretze bes zom Aanschlaach.

Ich, ich kennen jetz nit nor die Maue vun Kölle, ich kennen jetz och die vun janz Europa. Trotz der Freud, dat ich irjendwann och mem Impfe dran ben, jeit mer eins nit us dem Kopp. Muss mer eijentlich immer volle Pulle op die Spretz em Beld halde? Nor der kleine Entstech ze zeije, wöödt doch rigge odder? Jitt et nit villeich he un do noch Pänz un ander Lück, die allt su Angs för ner Spretz hann un nor beim Jedanke dodraan us de Latsche kippe?

Ejal. Et ess wie et ess. Mer loren jetz all jet hoffnungsvoller op die Zick, die kütt, un jeder hät sing eije Wünsch un Dräum. Su em Stelle wünschen ich mer, dat „positiv" widder jet wirklich Positives ess un mer met Maske nor Fastelovend fiere.

Üvvrijens, sollt einer vun üch zofällich op dä Enfall kumme, en Köln-Mauenheim wör jetz en Impfstazijun, vun wäje „Maue"...nä, su wick sin die noch nit, ovschüns der Veedelsname „Mauenheim" jet domet ze dunn hät: Mauenheim, en „Ansiedlung an einem ärmelförmigen Gewässer", en Erennerung aan en ahle Mau vum Rhing.

Ich sinn dat positiv!

Nor ha'mer enzwesche allt der veete Lockdaun...un Maske drage mer immer noch. Ich denke wigger positiv ... Mih jeit nit!

# Hat Ehr et och am Gluteus Maximus?

Et Hanni ess e jestande Frauminsch met nem Berof, dä för janz vill Minsche e Jeschenk ess.

All die, die met dem Knochejerämsch ze dunn hann, denne et Böcke un Trappe steije öntlich Moleste määt un de Kneen un de Höff eifach nit mih su richtich ze jebruche sin, die sin fruh, wann se flöck jeholfe krijje, un laufen dem Hanni de Döör en. Och am Wochenengk ka'mer aanrofe un kritt Hölp.

Et Hanni ess „Physiotherapeutin" met Liev un Siel. Mer muss allt jet verdrage künne, wa'mer en off unger sing Häng jeröt, denn et brängk sing Pazijente aan et Dämpe, Kühme un Jömere. Ävver ohne Möh un he un do Ping aan de Bein un em Rögge läuf nix. Et ess ne hade Job, mänchmol mih wie aach Stunde am Daach, do bliev nit vill Zick för sich selvs.

Wat et Hanni sich ävver jünnt, un do liet et nix drop kumme, ess Zick för sing Fründinne. Av un aan muss dat eifach sin. Zesamme kütt mer op janz ander Jedanke, verjiss die kapoddene Knoche un dat enjeschwore Schmölzje hät immer jecke Enfäll. Se hann en all dä Johre, die se als Fründinne zesamme sin, allt dat ei ov andere löstije „Event" erlääv.

Jän erennert sich et Hanni aan die ehschte Schmuck-Partys. Wor dat nit Pierre Lang? Modeschmuck för öntlich Nüsele, ävver op jede Fall jet Besondersch. Jekauf hann se all jet.

Dann komen de Tupper-Partys. De Schränk vum Hanni sin noch huh voll jestivvelt met Schössele un Vörrotsdose. Bes et en Rente jeit, hät et jenohch vun dem Züch.

Janz doll woren die Dessous-Partys. Die Fründinne hann sich schibbelich jelaach, wann et neuste Tangabötzje ov en sündije Korsaasch, natörlich en der Jröß för die dralle Wiever, su 48/50, aanprobeet woodt. Jot, eijentlich süht su en Reit – sorry Reizwäsch aan ner 38-dressijer Fijor et

Bess us, ävver wä hät die av Mitte fuffzich noch. Mer kann jo ens dräume un singe Hermann Josef derheim met neuer Ungerwäsch un Färve us der Reserve locke. En lange Ihe bruch Avwähßelung. Wie allt jesaat, löstich un jeck woren die Fründinnetreffe immer. Se hann met de Johre bal alles durch, wat su aan „Events" om Maat wor. De Krönung wor en Dildo-Party, bei der se all ehsch jet scheneerlich wore, Angs hatte, dat wibbelije „Luxus-Loss-Wunderstäbche" aanzepacke, ävver hingernoh jingk de Poss av, ejal wat för Färve un Forme. Un, se hann jekauf wie jeck. Ov se dat Dinge Zohuus ens usprobeet hann.... Wä weiß? Haupsaach, se wore om neuste Stand en Saache „Vibrazijun"!

Em letzte Johr jingken de Event-Enfäll langksam us, doch en Thermomix-Party wor noch dren. För e paar Mond wor endlich widder su e Fründinnetreffe. Dismol ohne Event, su kunnten se jet mih verzälle. Wor schön, ävver lang nit esu löstich un usjeloße wie söns. Secherlich mööt mer sich ehsch draan jewenne, dat och jode Jespräche e Jeschenk sin künne. Ens et nöhkste Fründinnetreffe avwade.

Jo, un dat wor dis Woch. Et Hanni hatt ne hade Arbeitsdaach hinger sich un dät sich op die janze „Mädcher-Bajaasch" freue. Endlich jet anderes wie ahl Knoche un lahm Muskele bearbeide. Irjendwie fählten dä Wiever hück de Fupptizität. Dat janze Verzälle jingk jet „schleppend". Un dann fing et Jertrud domet aan, dat em et Dumesaddeljelenk allt e paar Dach öntlich jet ze schaffe maat un off it, et Hanni, ens flöck a paar Physiojreff bei em maache künnt.

Et Hildchen, söns en janz stelle Frau, hatt et am Schambein, wat em unger Drock Ping maat (soll fruh sin, dat em einer do noch Drock määt) un broht döför och ne jode Rot. Su jingk dat Spill wigger. Et Rösje kunnt et kaum erwade, bes et sing Blessore vördrage kunnt. Met jroße Auge kom dann... „Un ich, ich hann et am Gluteus Maximus!" Dä! Dudsstelle! Natörlich woss keiner vun dä Wiever, wat dat wor, bloß et Hanni dät met de Auge rolle un sage: „Dann muss do dinge jroße, decke Fottmuskel besser träneere un die ahl Backe jet öfter zesammepetsche, dat hilf!" Jetz satz et Rösje noch eine drop: „...un am Pectoralis Major hann ich et, furchbar! Kann einer vun üch dat nohföhle?"

Jetz ävver! Keiner kunnt do methalde, bloß et Hanni jrummelte en singe nit vörhandene Bart: „Dann pass jet mih op dinge jroße Brussmuskel op. Bess fruh, dat do bei dingem platte Bruss-Brett üvverhaup noch jet spörs!"

Wie die andere jetz aanfinge, dat et Iliosacraljelenk, nä, dat ess nix Katholisches, wat se üvverall vun bovve bes ungen hatte, schleeßlich jonn de Wirbelsül un et Becke jo fass vum Kopp bes en de Föß, eijentlich ärch bedresse wör, se sich nit bewäje künnte un et Hanni allt ens bei einem vun dä Wiever met der Behandlung aanfange künnt, schlohch däm der Plaggen en. Jeder woll jet vun im.

Wat wor dat dann? Wat wor dann us dem jecke, flotte, löstije Fründinnetreffe jewoode? För it en zweite Praxis?

Jesaat hät et Hanni nix, ävver janz em Stelle hatt et allt e paar klein Rachejedanke...Dem Jertrud, wat en jestande Steuerfaachfrau ess, scheck et en de nöhkste Däch sing Steuererklärung zom „flotte Drüvverlore" un fädich maache. Et Hildche, Frau Lehrerin am Jymnasijum, kritt vun singer Dohchter de Examensarbeit zom Korrektorlese, ne Klacks, su knappe 100 Sigge un et Rösje künnt em nöhkste Woch en der Praxis helfe, dat Ikea Rejal Billy – wä kennt dat nit – met dä 300 Schrüvjer un Dübbelcher unger der Schräje opzebaue, och wann dat nit richtich pass, ejal, doför krijjen dem Rösje singe Gluteus Maximus un singe Pectoralis Major öntlich jet ze dunn, weil dröcke un zosammepetsche ess aanjesaat.

Un för sich hät et Hanni em Stelle jedaach, hoffentlich, hoffentlich ess dat nöhkste Fündinnetreffe nit em Sanitätshuus Stortz, dann leever noch ens en Dildo-Party.

# E Häppche sößsoor

Uns Famillich ess jrößer jewoode.... Un die Freud ess nit ze beschrieve: Ich ben en Jroß! Juchuh!! Mer hatten all lang drop jewadt, mänchmol jedaach, et weed nit mih fluppe, doch jetz ess hä do, dä kleine Paul. Ne Püngel Laache, ne Püngel Brölle, ne öntlije Püngel Schwung, ne Püngel Kriesche, un ne riesenjroße Püngel Jlöck, dä nit vill schlofe well, dä met waache Auge alles wat drömeröm passeet opnimmp un jede Spillkrom, dä en sing klein Hängcher pass, brumme, quietsche un dudele lööt. De Haupsaach ess immer, et bewäch sich jet.

Ich hatt allt e bessje Kadangks vör mingem neue Job, weil, janz esu neu ben ich jo nit mih, un de Puutezick vun mingem Jung litt ärch lang zoröck. Janz ihrlich, eijentlich wor ich erus us däm Thema. Ov ich dat all noch kann, dat Fläsche jevve, en neu Botz maache, dä Klein püngele bes hä nit mih kriesch. Ußerdäm knack mih janz ahl Knochejerämsch, un böcke, huhhevve un de Trappe erop un erunder drage...mööt ich op mich zokumme loße. En janze Häd Jedanke braate mih Jehensschaaf aan et tirvele.

Un wie wor et... eimol em Ärm jehalde, eimol et Fläschje jejovve, eimol en fresche Botz jemaat, dann jeschöckelt un jepüngelt un als Luhn e Strohle us blau Äujelcher un nem Müngkche ohne Zäng, dozo Sabberbützjer, wo hä bei mir draan kom, die Leev för e Levve wor domet besiejelt.

Der ehschte jemeinsame Daach hatte mer zwei aan Rusenmondaach. Ming Pänz jingke mem Zoch, un de Jroß stundt av morjens fröh koot vör fünf Uhr op der Matt.

Un et wor wunderbar. Mir hann zesamme die Stunde jenosse. Av un aan hät der Klein och jet jeschlofe, un alles andere dät fluppe ohne jroß ze üvverläje. Ich wor stolz op uns. Wann ich jetz jede Woch op Besök kumme un ming Schwijjerdohchter säät nor, Paul, do ess de Oma! jeit e Strohle üvver si klei Jeseech un en mir jeit de Sonn op: Loor, hä erkennt dich verhaftich allt... (immer fass draan jläuve)!

Mer süht esu e Enkelche met ander Auge un et jitt janz vill neue, praktische Saache, die dat Levve vun de Eldere leichter maache. Denken ich do aan die neu Milchfläsche, die met nem jefärvte Strech em Jlas zeije, dat die Milch jenau de richtije Temperator för ze drinke hät, odder dä Wärmmaacher vun de Hipp – off Aletejläsjer. Mer kann zwesche drei Wärmetemperatore wähle. Ein dervun pass immer. Dann jitt et de Pampers verhaftich bes Jröße 8, do pass jenohch Materijal eren.

Wat ich ävver och sinn ess, wie sich et Levve vun jung Edlere verändert. Nit mih vun jetz op jlich en et Kino, Fründe besöke odder ens jet bummele jonn, dat ess ehsch ens jejesse. Off ess de Mamm kapott un krüff op alle Veere, weil dä Klein nit schlöf, sich widder ens bes bal en der Nacke huh bedressen hät un sei et drette Mol die kumplette Kledaasch ennerhalv vun zwei Stündcher wähßele moot.

Die decke Kotzspor op dem eije T-Shirt muss noch jet wade. Mer kann jo kaum jläuve, wie vill su ne Winzling usspäue kann, wat einem dann wärm der Roggen erav läuf. Un bal immer kütt dä wärme Sän jenau dann, wa'mer nit draan denk. För e Dohch ze raafe, hät mer mehschtens kein Zick. Dä Sän kütt met nem satte Bäuerche us dem kleine lachende Müngkche erusjeschosse wie en Raket. Dä sößsoore Jeroch hät mer dernoh för e paar Stund en der Nas.

Ich hann vill jelihrt, jet Wichtijes, ich hann jetz zwei Kotzpullovere, die ich, wann ich der Klein besöke, em Wähßel aantrecke. Die Pullovere sin en jrov Masche jestreck un hann en dezente Färv, die zo usjekotzter Milch pass. En däm Jestreckte deit dat Usjespäute janz flöck opdrüjje, weed bröckelich hatt, un ich kann et noh ner Zick usbööschte. Jot, dä sößsoore Jeroch bliet, ävver mer kann jo nit alles hann.

Ußerdäm, wäm vun de Omas sagen ich dat, mer verjiss doch, wa'mer su ne Fuzzemann om Ärm hät, alles, denn alles kann wade, nor dat neue Levve nit. Mer deit avtauche en de Welt us Kinderauge un süht, dat die vill bungkter un schöner ess wie uns Welt; ävver villeich ha'mer dat all bloß verjesse. Opjepass! Do kütt et nöhkste Häppche sößsoor!

# Ich ben doch kei Weichei!

Mänchmol denk mer, nä, nä, jetz ess die Zick vum Studijum och allt vörbei! Jetz hät dä Klein, der Ben, fröher e Föttche aan der Äd met decke Backe un koote Beincher, hück ne Meter dreiunnüngsich „huh", singe Bachelor un Master verhaftich allt en der Täsch! Jot, hä wonnt noch derheim, ävver met singem avjeschlosse Studijum weed et wal nit mih lang dure un hä ess durch de Döör. Weed langksam Zick...

Met esu Jedanke schleit sich et Doris allt wochelang eröm. E paar vun singe Fründe sin en der Zweschezick allt verhierot un vör zehn Woche kom de nöhkste Huhzicksenladung. Natörlich hät der Ben noch nit et Richtije för aanzetrecke. Hät jo noch Zick. Et Doris kennt singe Jung un weiß, dat it singe Här Bachelor nit zom Kauf vun nem neue Aanzoch dränge darf, söns weed dä tirek muulich un trick die ahl widderlije Schlabberjeans noch op de Huhzick aan. Ävver it hät sing Meinung dozo: Sulang der Jung derheim wonnt, sorch it doför, dat hä jefällich un propper ussüht, jrad op der Huhzick.

Wie jot dat si Altarjeschenk, der Heinz, noch Verbindung zo nem ahle Klassekamerad hät, dä em Einkaufszentrum en nem bekannte Modejeschäff jet ze sage un faachmännische Ahnung hät.

Allt veer Woche vörm Huhzickstermin hatt et Doris, weil der Ben eijentlich alles online kaufe well, met „Herrn Müller", esu heiß der ahle Fründ, dodrüvver jesproche un sich schlau jemaat. Un weil Här Müller selvs die online Bestellunge met enpack, weiß dä, wat all zoröck jescheck weed. Un vill ze vill kütt zoröck, weil de Passform nit stemmp, zo eng, zo lang, zo koot, de Färv un et Materijal suwiesu verkeht sin.

Alsu weed met Engelszunge op der Jung wie op en hillije Koh enjeredd, dat hä die Saache persönlich aanprobeere muss. Der „liebe" Ben jeit un probeet bei Musjö Müller ehsch ens e paar Botze aan, nor Botze, för e Sakko ess et im em Einkaufszentrum vill ze wärm. Jekauf weed nix. Ess jo noch Zick jenohch!!!

En knappe Woch vör dem jroße Fess kütt hä op et Doris aan: „Mamm, jeis do flöck met mer nen Aanzoch kaufe." Der ennerliche Drock op et Doris wähß. Dat Woot „flöck" deit em aan de Ohre wih.

Vum Doris der Vörschlaach, doch noch ens bei der Här Müller ze fahre, weed jnädich aanjenomme, ävver ehsch nohm Fitnessstudio un hühkstens ein Stund. Mih Zick hät der liebe Jung för esu unwichtije Saache nit. Et Doris föhlt, wie im de „Flejende Hetz" langksam bes en der Nacke krüff.

Se treffen sich öm veer Uhr nommedachs. Dat Modejeschäff ess mih wie rappelvoll. Schingks janz Kölle bruch nen neuen Aanzoch. Natörlich weed op der Här Müller jewadt, noch ens koot met im alles besproche un dann kütt der Här Müller mem ehschte Sakko för „ne Meter dreiunnüngsich lebend".

Ens dovun avjesinn, dat der Ben dat Sakko met Verrenkungen wie bei nem Pullover üvverm Kopp aantrick, der nette Här Müller hat alles em Jriff. Dann die Aansaach: Aan de Scholdere ze schmal, em Rögge un aan de Maue ze eng, aan der Höff zo locker. Bei dem Müller-Satz: Dat hann ich mer jedaach, dat weed schwierich!, lort selvs der Ben jet komisch us der Wäsch.

Beim zweite Sakko en schwatz – Ben woll jet Business – kütt Här Müller met dem Aanjebott, jetz ens koot do eren „zu schlüpfen". „Schlüpfen" jeit bei einsdreiunnüngsich jar nit, dat ess mih erenramme. Dat Sakko hät jet vun ener schön Beerdijung. Dat blasse Jeseech, wat dozo jot pass, hät hä allt. Dem Jung fählt jet fresche Luff.

Et drette un et veete Sakko strohlen en Kamellefärve blaßblau un zaatrusa öm de Wett, total unopfällije männliche Elejanz. Tirek ne Panikrof: Nä, dodren sinn ich us wie e Weichei vun Musiker off ne Let's Dance Kandidat. Die Sakkos, die nit jefalle, zällt et Doris ehsch jar nit met. Sage mer ens, et Sakko fünf pass, hät ävver ne Sticker wie e klein Motorrad am Revers. Dat Sakko pass verhaftich ärch jot, ävver dä Sticker! Här Müller, met rollende Auge weiß Rot: ka'mer avmaache!!

Jetz die Botze: am Oberschenkel zo eng, en der Länge ze koot, am Bund zo locker. Och wann der Här Müller säät, dat dräht mer hück esu... do ze eng, do ze koot un do jet jefällich... „Sie können eben alles tragen", et jefällt nix.

Dä mettlerwiel enjeschrenkte Modebleck vum Doris krallt sich aan ner Kleiderpopp fass: Jraue Aanzoch.

Här Müller, immer noch Profi met leich schwindender Verkaufslaune met decke Zäng un decke Föß, brängk dä jrauen Aanzoch. Et Sakko ze wick, ander Modell, Sakko pass. Oh Wunder! Ben ess würdevoll jnädich un deit nicke, et jefällt im. Die Botz ess ok, ävver jet spack am Bund. Här Müller süht langksam et Engk kumme: Do setze mer 2 Zentimeter hingen en der Naht zwesche. Jetz kütt Mutter Doris us der Versenkung: Nix ensetze, mer nemme die jrößere Botz un die weed 2 Zentimeter enger jemaat. Bei däm Pries muss för alle Fälle noch jet Luff en der Botz sin. Un?? – Wat för drunger? Hemp odder Shirt?

Jetz muss der Ben ehsch ens nohm Klosett un jet nohdenke... Der Klosettjang ess met Erfolch jekrönt, et Shirt ess jekauf. En Schweiß jebadt pack der Här Müller dä Aanzoch met coolem Shirt en. Et Doris bedank sich erleichtert för sing faachliche Hölp, un Här Müller schaut im deef en de Auge: Alles jot, ich hann och esu ne Spezi zo Huus. Beim Erusjonn hät et Doris su e komisch Jeföhl em Rögge. Secherlich määt der Här Müller jetz drei Krützjer, dat se endlich durch de Döör sin.

Kapott un zefridde kann et de Bein derheim en Rauh huhläje, un der Ben weiß, wat sich jehööt. Hä nimmp sing Mamm en der Ärm un bedank sich. Schleeßlich hät se die unopfällije Elejanz och noch bezahlt.

Letz Wochenengk wor die Huhzick. Der Jung wor schick, jlöcklich un met singe ein Meter dreiunnüngsich en jefällijer Form un Elejanz en „farbenfrohem Grau" Hahn em Korv. De Mamm wor met sich un der Welt zefridde, un der Här Müller freut sich secherlich op neu Kundschaff, eifach un unkumplizieet noh dem „Werbeslogan" – Reinschlüpfen und sich wohlfühlen – Anzugkauf in zehn Minuten! Eijentlich wie beim Ben.

# Wat üvvrich bliev

# Mer sin ärch spezijell

**Vers 1**
Die Zwei, dat ess en jode Zahl,
Un dodrop si'mer stolz.
Jeder hät Ecke, Kante,
Su wie e ahl Stöck Holz.
Doch sto'mer op der Bühn,
Dann röcke mer zesamme.
Sin dann immer jot jesennt,
Bruchen uns nit zo schamme.
Do weed drop opjebaut,
Un „leis" ess unser „laut".

**Refrain**
Mer sin ärch spezijell.
Su ess uns Naterell.
Mer hann met nix jet am Hoot,
Dröm si'mer och su jot!
Mer sin su, weil et uns jefällt,
Dunn et nit bloß för Jeld.
Wat e Jlöck, dat ehr uns hatt.
Lort un hööt üch aan uns satt.

**Vers 2**
Dat Kölsch pure Jenoss ess,
Nit bloß wa'mer et drink,
Zeich üch ming Duo-Hälfte.
Die weiß, wie jot et klingk.
Un wann ich su am Flöjel setze,
De Schläjerkapp om Kopp,
Flejen ming Häng vun selver.
Ihrlich, ich hann dat drop.
Ov langksam odder flöck,
Mer sin ärch spezijell, leev Lück!

# Et Lieblingsstöck

Et Ännche Schmitz, noch nit janz jroß,
Doch schlau un flink, kennt jede Stroß,
Hät met singem eije Kopp
Mih wie jroße Puute drop.
Och met der Schnüss ess et jewandt,
Verzällt dir flöck jet us dem Stand,
Säät sing Meinung en der Schull,
Un wat it hält vun dreimol Null.

Met singer Loss sich aanzetrecke,
Deit et de Mamm mänchmol verschrecke,
Un wie bal jeder vun uns Pänz
Hät it schön Pluute unbejrenz.
Doch su, wie meer et selvs jekannt,
Jitt et ei Deil, wat kooter Hand
Wie ne Schatz weed präsenteet,
Weil dat zom Lieblingsstöck muteet.

Beim Ännche ess dat ne Schal:
fluuschich, weich, en jode Wahl,
Handjestreck en bungkter Klör.
Met däm et jeit jetz vör de Döör.
Öntlich lang, noch met jet Jlanz,
Nit jrad e Stöck för ene Panz.
Doch Mode kennt eifach kein Jrenz,
Määt keine Halt vör flotte Pänz.

Ejal wat jetz et Ännche määt,
It üvverall dat Dinge dräht.
Ov em Jade, ov em Keller,
Ov beim Esse, bal em Teller,
Der Schal ess immer met dobei.
Su wie e Team, su sin „die zwei".

Kei Wunder, dat dann irjendwann
De Wäsch nit mih drop wade kann.
Jetz wor dat Dinge widder fresch
Un lohch parat om Köchedesch.
Jot jemeint vun Ännchens Mamm,
Doch nit et richt'je Wäschprojramm.
Nit mih fluuschich, ohne Jlanz,
Et Ännche maat ne Wirbeldanz
„Ich well dä Schal, su wie hä wor
Fluuschich met Jlanz, ess deer dat klor?

Nit enjelaufe, stief un hatt,
Och de Färv ess stump un matt.
Dä ka'mer nor als Lätzje nemme,
De Jröß deit eifach nit mih stemme!"
De Mamm ess ihrlich ärch bedröv,
Sei naaks allt nit mih richtich schlöf.
„Ich bestell der ne janz neue,
Dann kanns do dich doch widder freue!"

„Nä", bröllt et Ännche voller Woot,
„Ne neue Schal, dat ess nit jot.
Dä ahle, fluuschich, dä wor doch
Vum Zinter Klos, weiß do et noch?"
De Mamm, die hät en jode Nas,
„Dä neue brängk der Osterhas."
Do springk et Ännche em Karee:
„Woröm versteit mich keiner he,
Jedes Johr die selve Leier
Der Has kack keine Schal, bloß Eier!"

# De Tant Tünn

Anton heiß op kölsch Tünn. Ming Tant heeß Antoinette un wor för uns vun Aanfang aan de Tant Tünn.

De Tant Tünn hatt domols e Tillekatess- un Jeflöjeljeschäff op der Schäl Sick en Düx op der Düxer Freiheit.

Uns Famillich wonnte en ner Querstroß un de Mamm dät, wat se sich vum Huushaltsjeld leiste kunnt, bei der Tant enkaufe.

Dä kleine Lade wor rächeckich zojeschnedde. Die lang Thek aan der rächte Sick, wa'mer eren kom, wor immer huh voll üvverlade met Leckereie. Links woren e paar Rejale un dann kom ne Köhlschrank su jroß wie e Kleiderschaaf. Domols woren die Wäng un Dörre noch us Holz. E paar Mol en der Woch woodt dat Schaaf met Iesblöck voll jestiffelt un jot jeköhlt hingen dodren opjereiht fresche Höhner, Jäns un Ente un för de Chressdäch jet vum Rih odder Hirsch. Mehschtens moot de Tant dat Feddervieh noch roppe un usnemme un donoh lohchen die Junge un Mädcher nackelich op der Thek, un de Tant wöhlte un schnibbelte aan Buch un Fott eröm. Mer Pänz kunnte stundenlang dobei zosinn un woren immer widder verbasert, wat su all aan et Daachsleech kom. Met blodije Häng jov et zweschendurch för uns allt ens e Stöck Schukelad, enjepack natörlich, öm uns bei der Stang ze halde. De Tant woodt jän bewundert.

Hinger der Thek bedeenten et Poldi. Jedäuf wor Poldi op Leopoldine, doch för Kölsche wor dä Name vill ze lang. Fröher wor et Poldi Huusmädche bei der Tant, jetz e jestande Frauminsch en de beste Johre un sich för nix ze schadt.

För uns Puute wor der Lade e klei Paradies. He ha'mer jelihrt, wie Schampusfläsche ussohche, wie echter Lachs schmecken dät, handjemaate Praline op der Zung zerjingke, un he jov et minge Lieblingskies: janz ahle bröckelige Holländer för nen Halven Hahn. Der kleine Lade hatt hingendurch e quadratisch Kabüffje met nem ahle Kanoneovve odder, wann et nit esu kalt wor, nem leich antiqueete Heizövje, nem kleine Essdesch un drei Klappstöhl, op denne selvsjehäkelte Kösse lohchen. He ha'mer uns echte „Orgie“ jefiert. Wat mer domols och immer unger „Orgie“ verstundte.

Wann et der Tant jot jingk, hatt se de Spendeerbotz aan. Minge ehschte Schampus perlten he un ming ehschte Zerett verqualmte en däm Kabüffje. He woodt jeschunkelt, jelaach, jedanz. Et wor wunderbar. He däte mer zesamme met der Mamm, der Tant Tünn un dem Poldi Wieverfastelovend fiere, un uns Sorje met der ehschte Leev knatschten mer uns he vun der Siel. Met Truus em Jepäck däte mer en der nöhkste Liebeskummer schleddere.

Meddaachs, wann de Tant der Lade för zwei Stündcher zo maat, kom se bal jeden Daach bei uns op en Tass Kaffe vörbei, wie jesaat, bal jeden Daach, denn zweimol en der Woch dät se sich ne freie Nommedaach jünne. Dat maat se zick dressisch Johr, nor en schlemme Malätzichkeit kunnt se dovun avhalde. Ävver wann se fit wor, dann nohm se dä ahle Brilljantschmock un die dolle jraue Päälekett us dem Safe, spröhte sich met Kölnisch Wasser vun Kopp bes Foß aan, domet der Kies- un Jeflöjeljeroch nit zo stark wor, un jenoss op der Opernhuusterrass der Döff vun der jroße Welt. För en koote Zick wor se en janz fing Madamm.

De Tant wor zom zweite Mol verhierot, ävver der ehschte Mann hatt ehr dä Lade vererv un dä blevv ehr Levve.

Un för mich hät et nie widder su ne tillekate ahle bröckelije Holländer jejovven wie bei der Tant Tünn op der Düxer Freiheit.

## Puutedräum

Et Levve ess en Aachterbahn, mer liert dat flöck.
Kütt op de Welt, su ess dä Lauf, kann nit zoröck.
Em Kinderjade un der Schull fingk mer der ehschte Fründ.
Janz ohne Sorch ... Mer levve künnt.

Dann kütt die Zick, wo mer sich sök un sich selvs fingk,
Et Studijum, der Arbeitsplaatz, alles jelingk.
Die Hätz ess frei, do triffs ne Minsch, dä en die Levve pass.
Dat ess doch Jlöck...alles määt Spass.

Ding Aachterbahn höllt noch ens Schwung, och wann do jrau,
Määs alles met, häss noch vill Kraff un weiß jenau,
Dat keine Daach, dä do jeläöv, kütt noch ens koot zoröck.
Doch Puutedräum...hät mer zom Jlöck.

## Mi Naaksrüsje

Et ess e janz besonder Blömche
Nit klein, nit jroß, janz zaat de Färv.
Doch wat der Herjott beedc kunnt,
Hät hä däm Rüsje he vererv.

De janze Naach ess et am Laufe
Üvver ahl Flure met jrell Leech,
Denn wann de Lämpcher stonn op „rut",
Muss „it" entscheide, wä zoehsch.

Et hilf su jot et kann de Minsche,
Die em Spidol des naaks bedröv.
Met singem Laache määt et Mot
Jrad denne, die der Herjott röf.

Et ess jet mangks en jedem Zemmer,
Denn jede Kranke mööch si Räch.
Mänchmol hät et Häng ze winnich,
Doch et fingk immer singe Wääch.

„Künnen se ens, maachen se ens,
Ich mööch dat, mir deit jet wih".
Do de Droppe, do de Pille
„Ich hann der Jöck am decke Zieh.

Ich muss ens drinke, mööch en Blootwoosch,
Muss op't Klosett, ne Futz setz quer,
Un ich hann Angs öm Liev un Levve",
Dat all ze stemme ess doch schwer.

Naaksrüsje hann ich sei jedäuv,
Ming Hölp die naaks mich deit versorge,
Die och öm Meddernaach noch laach,
Met decke Auge freut op Morje.

Et ess e janz besonder Blömche,
E Rüsje, wat bescheide blöht,
Denn om Balköngche steit ne Pott
Met „einer" Rus, die im jehööt.

# Erennerung aan Hans Knipp

Di Levve lang häss do uns verwennt
Met Leeder, die noch hundert Johr hann Bestand.
Un wann ich su aan fröher denke,
En janze Häd dovun si'mer bekannt.

Alles hät sing Zick! Mer loßen dich trecke,
Wann der Herrjott röf, hält dich nix mih zoröck.
Kriesch doch nit, do bess endlich Doheim,
Hinger de Stääne litt jetz di Jlöck.

Do häss der Ahl e paar Blömcher jeschenk
Un dem Manni us Osheim e Denkmol jebaut,
Avschied vum ahle Johr jenomme
Un jedes Adventskranzkäazje bestaunt.

Ne Besuch em Zoo, dä wor för dich „hellich",
Denn links un rääch vum Rhing litt ding Stadt.
Wenn mer Kölsche singe, dann läävs do wigger,
Do hatts e Hätz för Kölle, dat woodt niemols satt.

Ich erlevve en Draumnaach em Jözenich.
Leis fällt der Schnei, ich danz' nor met dir.
Loss mer noch jet blieve un loss mich dräume,
Ich hann de Musick bestellt un schenken se deer.

Nor för dich trecken ich noch ens dat Kleid aan,
Denn jede Daach, dä ess e Jeschenk,
Dröm loss mer zesamme der Karneval fiere.
Kölle Alaaf bes aan et Engk.

He deit et wih un do deit et wih,
Doch dat ess ejal, c'est la Vie, leev Marie!
Un wann em Höhnerstall Maskeball ess,
Freu dich am Levve, denk: Ich well mih.

Kölle, ming Stadt, su häss do jeschrevve,
Di Kölle vermess dich, do leeve Jung.
Met all dinge Leeder blievs do unverjesse,
Schleis huh en de Stääne ding decke Trumm.

## Jet üvver de Föß

**Vers 1**
Föß, die jitt et üvverall,
Die qualme, wa'mer läuf.
Schweißföß hät mer vun Nator,
Do weed mer met jedäuf.
Decke Föß, die kritt mer
Vum Stonn, die dunn dann wih.
Doch Kölle hät se janz allein,
Die „Fööss" met Melodie:

**Refrain:**
Bei uns jitt et die Bläck Fööss,
Ne Jlöcksfall för uns Kölle.
Us dem kölsche Levve
Dunn se uns vill verzälle.
Met Hätz, Jeföhl un Wetz.
He kennt die jeder,
Selvs der kleinste Ditz.

**Vers 2**
Op Föß, die plattjetrodde sin,
Do ka'mer kaum drop stonn.
Klumpföß, en Malätzichkeit,
Nohm Dokter muss mer jonn.
Jroße Föß die bruchen
Schohn, bal wie en Bütt.
Doch „Fööss", die Leeder schrieve,
Jitt et woanders nit:

**Refrain:**
Bei uns jitt et die Bläck Fööss,
Ne Jlöcksfall för uns Kölle.
...

# Ich maach...

Ich maach Lück wie do un ich,
Am Karfriedaach meddachs Fesch,
Kölle, Dom un Sonnesching,
Av un aan e jot Jlas Wing.

Ich maach Eier us Krokant,
Un am Rhing en schöne Bank.
All dat maach ich,
Un janz doll üch.

Ich maach alles, wat op Kölsch,
Och dä ahle Lehrer Welsch,
All die Leeder vun de Fööss
Un en jroße Kump Jemös.

Ich maach fresche Jrasjeroch,
Un der Rusemondaachszoch.
All dat maach ich,
Un janz doll üch.

Ich maach Kückelcher em Ness,
Ne jode Brode för et Fess.
Osterhase us Schukelad,
Un en lecker Prummetaat.

Ich maach Lück, die hann Humor,
För mi Hätz ne Kinderchor.
All dat maach ich,
Un janz doll üch.

Ich maach jede kölsche Jeck,
Decke Bunne met vill Speck,
Eier söke em Spaleer,
Lans Schmitz Backes aan der Schmier.

Ich maach vun der Klusterfrau
Us Melisse dä Schabau.
All dat maach ich,
Un janz doll üch.

Ich maach Fahne, die rut-wieß,
Och e Röggelche met Kies.
Osterjlocke en ner Vas,
Un et Leevs ne falschen Has.

Ich maach wann om  Boorehoff
Alle Höhner maachen Zoff.
All dat maach ich,
Un janz doll üch.

Ich maach Jänseblömcher pur,
Allt ens levve ohne Uhr.
Ich maach, wann dann em Advent
Widder he e Kääzje brennt.

Ich maach wa'mer ihrlich ess,
Zänkerei janz flöck verjiss.
All dat maach ich,
Un janz doll üch.

Ich maach su nen Daach wie hück,
Wa'mer jet zesammeröck.
Enfäll, die noch keiner hät,
Un e Fröhstöck wärm em Bett.

Ich maach Wööt, die jot platzeet,
Mer sich em Alder noch versteit.
All dat maach ich,
Un janz doll üch.

# För et Engk

# Wie e opjeschlage Bohch

**Vers 1**
Saach woherr kennen ich dich?
Bess su vertraut mer un noh.
Mi Spejelbeld liet mich jet dräume.

Jetz fahl un jrau mi Jeseech,
Met Falde deef un zerfurch.
Et Levve sök sich sing Räume.

Wat wor et fröher jlatt un zaat.
Ming Auge klor wie ne Stään.
Un Falde hät et nit jekannt.

Hück sin ming Auge bedröv,
Et Leech dodren nit mih hell,
Die Zick ess eifach jerannt.

**Refrain:**
Wellkumme hück!
Wellkumme hück, do leev Jeseech.
Kumm freu dich op der neue Daach!
Ding Reis jeit wigger jede Naach.
Wellkumme hück!
Wellkumme hück, do leev Jeseech.
Bess för mich wie e offe Bohch.
Krijjen nie dovun jenohch.

**Vers 2**
Kann mich besenne dodrop,
Wie ich jelaach, off un laut.
De Stündcher sin vörbei jefloge.

Kann mich besenne dodrop,
Dat minge Mungk hät jeschwadt.
Hann janz bestemmp och ens jeloge.

Hück dragen ich met vill Stolz
Mih Dubbelkenn en de Hüh.
Un noch kann ich allein jonn.

Laach' mingem Spejelbeld zo.
Maachen mer selver nix vör,
Ze levve muss mer verstonn.

**Refrain:**
Wellkumme hück!
Wellkumme hück, do leev Jeseech.
Kumm, freu dich op der neue Daach!
Ding Reis jeit wigger jede Naach.
Wellkumme hück!
Wellkumme hück, do leev Jeseech.
Bess för mich wie e offe Bohch.
Krijjen nie dovun jenohch.

**Bridge**
Ich kennen dich vill ze jot,
Ding Falde si'mer su vertraut.
Ich lese jede Sick vun dir.
Do bess mi opjeschlage Bohch
Bes do vun selvs jeis zo.

# Jetz nemme mer der Hot

Et letzte Leed en kölscher Sproch.
Danke, dat ehr uns zojehoot.
Mer hoffe, keiner kom ze koot.
Jetz nemme mer der Hot.

Tschüss Lückcher un vill Jlöck.
Mer kummen irjendwann zoröck.
Läuf die Zick och vill ze flöck.
Met üch hatte mer Freud.

Wann et ärch schön ess sollt mer jonn.
Jeder vun üch kann dat verstonn.
Et kann nit immer wigger jonn.
Jetz nemme mer der Hot.

Tschüss Lückcher un vill Jlöck
...

Die kölsche Sproch un Levvensaat
Hatt uns de Jroß allt beijebraat.
Hück maate mer domet jet Staat.
Jetz nemme mer der Hot.

Tschüss Lückcher  un vill Jlöck
...

De Jitta woodt allt enjepack.
Der Bass spillt noch ne leise Tak.
De letzte Tön jet avjehack.
Jetz nemme mer der Hot..

Tschüss Lückcher un vill Jlöck
...

De Mikros kummen en de Kess.
Mer hann jet Doosch un öntlich Schless.
Saat, wesst ehr dann wie spät et ess.
Jetz nemme mer der Hot.

Tschüss Lückcher un vill Jlöck
...

Et letzte Leed en kölscher Sproch.
Danke dat ehr uns zojehoot.
Mer hoffe, keiner kom ze koot.
Jetz nemme mer der Hot.

Tschüss Lückcher un vill Jlöck
...

# Un mir jonn jetz noh Huus – Weihnachten –

Dat wor uns Reis durch der Advent
Met Nostaljie, die jeder kennt.
Jän ha'mer üch domet verwennt,
Un mir jonn jetz noh Huus.

Tschüss Lückcher un vill Jlöck.
Mer kummen irjendwann zoröck.
Läuf die Zick och vill ze flöck.
Met üch hatte mer Freud.

Der Chressbaum litt en der Karaasch.
Dä kritt dis Johr en neu „Kledaasch".
Dodrop freut sich allt die Bajaasch,
Un mir jonn jetz noh Huus.

Tschüss Lückcher un vill Jlöck.
Mer kummen irjendwann zoröck.
Läuf die Zick och vill ze flöck.
Met üch hatte mer Freud.

Bal brennt de veete Kääz om Kranz.
Uns Kölle strohlt em Leechterjlanz.
Voll Vörfreud ess allt jede Panz,
Un mir jonn jetz noh Huus.

Tschüss Lückcher un vill Jlöck.
Mer kummen irjendwann zoröck.
Läuf die Zick och vill ze flöck.
Met üch hatte mer Freud.

Et Chresskind steit koot för der Döör.
En der Krepp brennt allt et Föör.
För die Däch ess nix ze dör,
Un mir jonn jetz noh Huus.

Tschüss Lückcher un vill Jlöck.
Mer kummen irjendwann zoröck.
Läuf die Zick och vill ze flöck.
Met üch hatte mer Freud.

Mir wünschen üch e jlöcklich Fess
Met janz vill Rauh, ens keine Stress.
Vun allem för üch nor et Bess,
Un... „jetz" jo'mer noh Huus.

# Wat kütt noch?

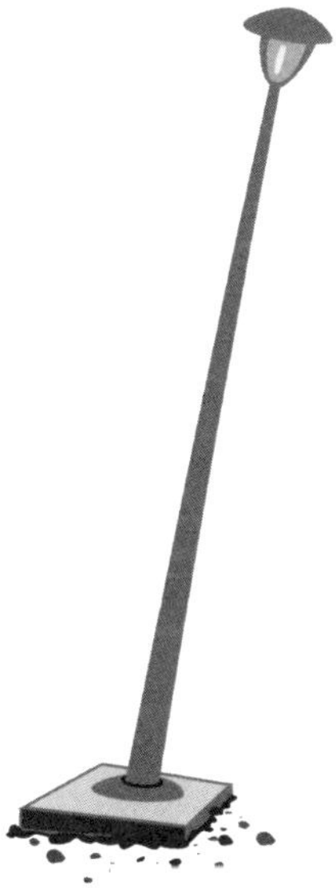

# Uns kritt mer nit klein

**Vers 1**
Zick Woche du'mer uns draan halde
Wat mer nit mih määt, darf un soll.
Su mänch Jeseech trick sich en Falde.
Langksam hät de Schnauz mer voll.
Doch mer denke positiv,
Hoffe, dat et nit su bliev,
Dat mer Monde späder laache
Üvver alle die jecke Saache,
Die för uns ehsch wore Stress,
Doch jetz Jewende, weil et Bess.
Wie weed et donoh sin?
Un krijje mer dat hin?

**Refrain:**
Wie mem Hammer kom dat Virus,
Trof uns medden en et Hätz.
Braat uns Sorje, Knies un Kummer,
Mäncheiner woodt dobei zor Nummer,
Woodten off dobei verletz.
Doch stellt et Levve uns e Bein –
Kein Schangks, uns kritt mer nit klein!

**Vers 2**
Jetz ha'mer voll uns Vörrotskammer,
Met Nudele turmhuh zorteet,
Trulli, Zöpfli, Penne, Hörnchen,
Birkel hät aan uns verdeent.
Mer knuven dodrus Puzzle,
Met noch jet ha'mer Dusel,
Denn Schullejonn ess aanjesaat.
Ovends weed nit mih de Aap jemaat.

Et Monopoli ess dut,
De Spillkess fott, keiner en Nut.
Jetz ha'mer't widder nett –
De Puute sin em Bett.

**Vers 3**
Die Hakle-Jubiläjums-Rolle,
4 Lagen, weich, jolden de Kant,
Die ha'mer bes zom Dud jebunkert,
Dat litt all en ov op der Hand.
För Enkel ess dat jetz et Bess,
Die erven dann der Ress.
Och de Jroß hät, wie mer sinn kann
Mih wie jedaach allt op der Pann.
Janz flöck hät se't kapeet,
Sich de App's all jot zorteet,
Un jede Stund' kütt jetz
En Info för et Hätz.